Bestsellers

Dello stesso Autore
in edizione Oscar:

Intimità
Volersi bene, volersi male
La qualità dei sentimenti
Il cibo e l'amore
A che cosa serve la coppia
I tempi del cuore
Desiderare il desiderio

WILLY PASINI

LA VITA È SEMPLICE

Come riconoscere le personalità difficili e vivere meglio

ARNOLDO MONDADORI EDITORE

I edizione Saggi ottobre 1998
I edizione Bestsellers Oscar novembre 1999

ISBN 88-04-47214-6

Questo volume è stato stampato
presso Mondadori Printing S.p.A.
Stabilimento Nuova Stampa - Cles (TN)
Stampato in Italia. Printed in Italy

Il nostro indirizzo Internet è:
http://www.mondadori.com/libri

Indice

RINGRAZIAMENTI

Carla Vanni, direttrice di «Grazia», per aver permesso l'utilizzazione del materiale pubblicato nella rubrica *Dentro la coppia*.

Paolo Occhipinti, direttore di «Oggi», per aver permesso l'utilizzazione del materiale pubblicato nella rubrica *Malati d'amore*.

François Lelord e Christophe André, colleghi psichiatri francesi, che con il loro libro *Come gestire le personalità difficili* (trad. it. Roma, Borla, 1998) mi hanno fornito utili spunti per identificare il difficile mondo dei «difficili».

Daniela Bellini Pasini, Roberto Brenna, Marika Caputo, Laura Carrà, Giorgio Cecchini, Lisa Corva, Maria Cucciniello, Marinella Di Capua, Donata Francescato, Milo Goj, Anne-Marie Lasser, Nicoletta Lazzari, Guido Meda, Remo Roscioni e Ambrogius IV per i giudiziosi consigli e l'aiuto redazionale.

La vita è semplice

Introduzione

La nuova felicità

E vissero per sempre felici e contenti... Così finiscono le favole e così, invece, vorrei iniziare il mio libro. Con una formula benaugurante che ha in sé una chiara distinzione: quella tra felicità e contentezza. Perché, mentre la contentezza è qualcosa a cui ci si può «allenare», che si può coltivare e vivere anche a lungo, la felicità è un picco, un guizzo, uno stato d'animo non programmabile e non «dilatabile» nel tempo. O, per dirla in gergo automobilistico, se il cuore è un motore, la contentezza è il diesel, mentre la felicità è il turbo. E forse aveva ragione Borges quando parlava dell'aspirazione a una felicità «moderata». Perché la felicità è una realtà sfuggente, simile per certi versi a un'anguilla: ogni volta che pensi di averla catturata, ti sfugge, sguscia via. Anzi, più che una realtà è un progetto, un'aspirazione, sulla quale si interrogano da sempre filosofi, pensatori, poeti. E oggi anche gli scienziati, che cercano di rendere la felicità semplice e facile da raggiungere, riducendola in pastiglie.

Non a caso, infatti, negli anni della «pillola che risolve ogni problema», della corsa frenetica, insomma, alle pastiglie contro il mal di testa, contro la depressione, l'ansia, e persino contro il calo della libido, la ricerca scientifica sta indagando sulla possibilità di mettere a punto un «farmaco della felicità», partendo da una spiegazione biochimica e genetica di quest'ultima. Anche uno stato d'animo così impalpabile, dunque, è finito in laboratorio!

Scienziati come Luca Cavalli Sforza, docente alla Stanford University, e suo figlio Francesco hanno recentemente dedicato a questo tema un libro, intitolato per l'appunto *La scienza della felicità*:[1] un primo passo per costruire una vera e propria disciplina finalizzata al raggiungimento del benessere psicofisico. Alcuni studiosi sostengono addirittura che la predisposizione o meno alla contentezza sia già codificata nel nostro Dna. Hanno fatto molto discutere, per esempio, i risultati di una recente ricerca, compiuta su 1500 soggetti dal professor Richard Depue dell'Università del Minnesota, secondo cui in gemelli geneticamente uguali sarebbe presente un identico «patrimonio di felicità», indipendente quindi dalle esperienze vissute da ciascuno nel corso della propria esistenza (matrimonio o solitudine, legami affettivi, condizioni economiche, momenti di realizzazione, ricchezza o povertà, successo o fallimento). Questo perché, sostiene il professore americano, il nostro grado di soddisfazione dipenderebbe per il 50 per cento dalla capacità del cervello di mantenere elevati i livelli di un particolare neurotrasmettitore, la dopamina. La possibilità di essere felici è dunque ereditaria? Ed è tutto scritto nel nostro codice genetico? E una pastiglia a base di dopamina (ancora da inventare, da sperimentare) potrebbe curare definitivamente lo *spleen*?

Felicità in pillole

Il caso del Viagra

È esemplare, in questo senso, l'isteria collettiva suscitata dall'immissione sul mercato del Viagra, un farmaco che doveva curare chi soffre di impotenza e invece è stato rapidamente identificato con un afrodisiaco o una pillola del benessere sessuale. Dal punto di vista medico, questo preparato sembra offrire alcuni vantaggi rispetto ai suoi predecessori, dato che ha un'efficacia del 60 per cento sulla malattia vera e propria e dell'80 per cento sui disturbi funzionali, in particolare su quelli legati all'età. Non è invece efficace sulle persone che hanno una sessualità normale, e quindi non può essere considerato un potenziatore della virilità. Il fenomeno interessante è il sentimento di euforia, carico di illusioni e di aspettative, che questo farmaco ha suscitato, sia dal punto di vista del consumismo sessuale che del miglioramento della qualità della vita.

Il mito degli afrodisiaci

Il mito della prestazione sessuale record, esasperato dalla nostra società ed esportato anche in Oriente, ha radici antichissime nella cultura maschile, come confermano numerosi studi di antropologia.[2]

Pensiamo agli afrodisiaci alimentari. Dalla polvere di corno di rinoceronte alla cantaridina, sono stati quasi sempre appannaggio degli uomini, dato che i suggerimenti per le donne erano rari e del tutto accessori, e semmai tendenti a «spegnere» una disdicevole libido (solo adesso si comincia a parlare di un non meglio precisato «spray» che dovrebbe favorire la sessualità femminile). Ciò dimostra da un lato la tradizionale supremazia sessuale dei maschi, dall'altro come essi abbiano sempre nutrito timori riguardo alla propria virilità, timori mai manifestati esplicitamente ma evidenti in questa corsa all'afrodisiaco. In una prospettiva del genere, la ricerca frenetica della felicità sembra essere non un indice di saggezza, ma di ansioso consumismo.

Le «life-style drugs»

C'è chi ritiene che la medicina abbia risolto i grandi problemi dell'umanità legati alla sopravvivenza, e ora debba occuparsi della qualità della vita. Si pensi alla terapia ormonale delle donne «longeve», che permette di affrontare gli anni non più fertili in maniera dinamica e attiva, combattendo i disturbi tipici della menopausa e restituendo lo spazio dell'erotismo e del desiderio. O a un farmaco che ha preceduto il Viagra, il Prozac, divenuto ormai la pillola del benessere psichico di largo consumo: entrambi appartengono alla categoria delle «life-style drugs», i farmaci che non curano una malattia specifica, ma cercano di influire sul modo di vivere. È in questa chiave che si valuterà il successo del Viagra, cioè se sarà un «salvafamiglie» o uno «scassacoppie», dato che si registrano già i primi «divorzi al Viagra».

In una società che fa dell'autocontrollo una qualità senza pari, gli uomini si trovano a dover gestire il meccanismo vulnerabile e imprevedibile dell'erezione. È vero però che in alcuni sondaggi[3] la maggior parte delle donne ha dato un parere negativo sul Viagra, perché potrebbe rendere l'erezione artificiale, meccanica e assolutamente indipendente dal desiderio o dall'attrazione che si prova per la partner. «Il Viagra del mio uomo voglio essere io», hanno protestato le donne. Quasi tutte hanno anche affermato che l'amore è più importante del sesso. Si dovrà insomma valutare se, superata questa prima fase di fascinazione collettiva e di grandi polemiche, il Viagra sarà davvero in grado di aiutare la coppia. Io sono ottimista e penso che potrà avere una funzione simile a quella di un paio di occhiali, che permettono a chi è miope o astigmatico di ammirare meglio una mostra di quadri. In questo caso non ci sognemmo mai di considerare tale strumento un ostacolo artificiale all'autentico godimento della bellezza.

Fuga dal pubblico, elogio del privato

Il desiderio di una felicità in pillole è, secondo me, il sintomo di un sempre crescente interesse della gente a vivere in una condizione di benessere, soprattutto in ambito privato. E di «semplificarsi» la vita. Anche se, come vedremo, non è questa la strada! Comunque, anche uno studio recente di GPF & Associati[4] conferma la mia convinzione che oggi gli individui cerchino molto meno di un tempo nella religione e nella politica risposte assolute ai propri bisogni. Le istituzioni, minate da una dilagante corruzione e dalla pratica del trasformismo, hanno perso molta credibilità.

Se la patria o gli ideali rivoluzionari non infiammano più gli animi, ci rimangono alcuni grandi eventi sportivi: le Olimpiadi, la Coppa del Mondo... Proprio gli ultimi mondiali di calcio hanno confermato che anche le donne sono delle tifose accanite (il 40 per cento del totale) e che questo sport è diventato ormai un fenomeno di massa, non solo una forma d'evasione esclusivamente maschile.

Esistono anche altri grandi fenomeni che attraggono le masse e offrono brevi momenti di felicità: penso ai concerti di rockstar aggressive come Vasco Rossi e intergenerazionali come Baglioni, o di big della musica lirica come Pavarotti; essi però toccano, nell'insieme, solo una fascia ristretta della popolazione.

La politica, quindi, non è più considerata un mezzo per ottenere la felicità? In effetti ho l'impressione che, più che alla militanza nei partiti, la gente sia oggi interessata alla possibilità di agire «in prima persona» attraverso la grande rete della solidarietà. Le organizzazioni di volontariato, di area sia cattolica sia laica, coinvolgono ormai milioni di individui. Gente comune che offre il proprio tempo e la propria disponibilità per assistere malati terminali, anziani, disabili; o decide di partire per una missione di cooperazione internazionale nel Terzo mondo. Un impegno umanitario che, con o senza promessa di futuri paradisi, dà un senso alla vita, costruisce la felicità interiore.

Secondo me, tuttavia, stiamo assistendo – più in generale – a un'accentuazione del processo di privatizzazione sia nella politica sia nella religione.

Nel campo politico, accanto alle grandi spinte verso le federazioni e gli organismi internazionali (l'Unione europea, l'Onu), rifiorisce l'esigenza di prestare attenzione ai bisogni «piccoli»: per esempio, i ruoli del sindaco e dell'assessore comunale diventano sempre più importanti. Il mondo della politica è dunque orientato a un maggiore decentramento, che rivaluta gli interessi locali e particolari.

Nel campo spirituale invece, a conferma di questo passaggio dal pubblico al privato, sta diffondendosi sempre più il movimento New Age, un vero e proprio «fai da te» della religione, una specie di religiosità senza chiesa, priva della dimensione liturgica istituzionale, e soprattutto di un clero punitivo pronto a imporre le proprie direttive, ma attraverso la quale vengono offerti comunque sostegno e conforto. Nel New Age, infatti, non ci sono regole: come in un supermarket della spiritualità, si può scegliere tra Rebirthing e meditazione, fiori di Bach e Reiki... Senza apparente contraddizione: l'importante è trovare una via al benessere interiore.

Piccole gioie semplici

Se sono venuti meno i grandi ideali e il privato è così frustrante che ci si deve affidare a una fantomatica pillola miracolosa, quali speranze abbiamo oggi di essere felici? Dobbiamo dar ragione a Paul Watzlawick, il quale in *Istruzioni per rendersi infelici*[5] sostiene provocatoriamente che è giunta l'ora di farla finita con la favola millenaria secondo cui felicità, beatitudine e serenità sono le mete a cui ognuno aspira nella propria vita? Troppo a lungo, egli afferma, ci è stato fatto credere che la ricerca della felicità conduca di per sé alla felicità. L'esortazione «Sii felice» è un'evidente prescrizione paradossale, e richiama alla mente l'immagine dell'insonne che si sforza invano di addormentarsi.

«Non basta decidere che il 29 giugno sarò felice, per esserlo veramente» ha detto Francesco Alberoni.[6] La felicità non è programmabile, perché gli stessi eventi che l'hanno provocata possono gettarci anche nel più grande sconforto. È un dono, una grazia. È dunque impossibile allenarsi alla felicità?

Io ritengo che, in realtà, qualcosa si possa fare. Tant'è che persino un grande pessimista come Schopenhauer ha fatto un tentativo al riguardo. I suoi «consigli», se così li possiamo chiamare, sono ancora oggi illuminanti. Dolore e noia, scrive il filosofo tedesco, sono i macigni che possono schiacciare la nostra esistenza. Proviamo dolore per gli affanni che ci tormentano quando tentiamo disperatamente di arrivare a una meta. Proviamo noia per l'insoddisfazione dopo averla raggiunta. Quindi l'importante è saper distinguere ciò che si vuole da ciò che si può avere: «Il mezzo più sicuro per non diventare molto infelici consiste nel non chiedere di diventare molto felici, dunque nel ridurre le proprie pretese a una misura assai moderata in fatto di piacere, possesso, rango, onore, eccetera: infatti proprio l'aspirazione alla felicità e la lotta per conquistarla attirano grandi sventure».[7]

Solo così è possibile preparare il terreno sul quale (forse) crescerà la rosa della felicità. Non bisogna cercarla, ma predisporre il nostro cuore ad accoglierla e proteggerla da un ambiente ostile e dalle ingiurie del tempo.

Ecco quindi un primo spunto per comprendere in che cosa consista la sfuggente felicità. Sono passati molti anni da quando nel mio libro *La qualità dei sentimenti*[8] avevo osservato quanto il termine amore sia vago e generatore di confusione. Meglio, dicevo, definirne gli ingredienti. Per la felicità è un po' la stessa cosa: se è così fragile, bisogna almeno far sì che metta radici. Del resto, la parola felicità porta in sé l'idea di fertilità: deriva dal latino *felix*, che significa «felice» ma anche «fertile» (dalla stessa radice di *fecundus*, fecondo).[9] Essa ha dunque bisogno del terreno giusto, dell'humus adatto. Ma quali sono le radici che permettono alla felicità di crescere bene? Sicuramente la salute, la tranquillità economica, una società democratica che dia spazio alle libertà individuali, e una vita affettiva e professionale non troppo stressanti.

Ma veniamo al punto. Come mai ci sono persone che, pur vivendo in una democrazia, avendo un lavoro e un amore, essendo in buona salute, non sono felici? Perché, secondo me, non hanno imparato a semplificare, a gettare uno sguardo meno complicato sulla vita, a non perdersi di fronte ai mille ostacoli che troviamo ogni giorno sul nostro cammino e a non crearne a chi sta intorno a noi.

Dice una vecchia preghiera popolare: «Signore, dammi la serenità di capire le cose che non posso cambiare, il coraggio di cambiare quello che posso cambiare, e la saggezza per capire la differenza». Detto in altre parole: è importante individuare gli obiettivi essenziali (e raggiungibili), per i quali ha un senso lottare fino in fondo; nello stesso tempo bisogna saper abbandonare quello che è accessorio o troppo al di fuori della nostra portata, senza rimpianti né falsa alterigia.

C'è chi lo sa fare per un dono naturale, e chi cerca di impararlo. Intanto gli inviti alla «semplificazione», al non diventare schiavi della carriera e del consumismo, lanciati dal movimento New Age, vengono raccolti da un sempre maggior numero di persone. «Downshifting» (Scalare di marcia) dicono negli Stati Uniti. In altre parole, andare più lentamente.

Ma semplificare vuol dire anche allenarsi a uno sguardo particolare sul mondo. Lo sostiene Daniel Goleman,[10] professore di psicologia a Harvard, che ci ha reso familiare il concetto di «quoziente emotivo», sostituendolo a quello tradizionale di «quoziente intellettivo». Egli ha svolto una ricerca in cui ha valutato, nell'arco di dieci anni, il grado di benessere di 3000 volontari, ottenendo i seguenti risultati: coloro che si erano dichiarati felici all'inizio della ricerca hanno continuato a dichiararsi tali anche al suo termine, nonostante molti di essi avessero subìto torti e ricevuto colpi bassi dal destino. Tutto merito di un gene particolare? Chi nasce con una predisposizione alla felicità la conserverà per il resto della vita? No, dice Goleman: esistono però persone che imparano a destreggiarsi tra le difficoltà, che non vengono sopraffatte dalle proprie emozioni, né sono rassegnate al punto da non reagire agli stimoli. E che possiedono un'intelligenza emotiva: hanno cioè imparato ad ascoltare le proprie emozioni e quelle degli altri.

Questi individui, probabilmente, mettono istintivamente in atto le strategie «giuste» per «scivolare» facilmente nella vita. Tra le tante, lo psicologo Michael Argyle[11] ne individua due che mi sembrano interessanti: a) saper evitare le situazioni incresciose, dribblando le compagnie sgradite o tutto ciò che provoca tensione e imbarazzo; b) esprimere opinioni positive: il «think positive», che da slogan diventa allenamento quotidiano al buonumore.

Strategie semplici ma efficaci: le stesse che hanno portato al successo un libro come *La prima sorsata di birra*.[12] Scritto da un insegnante, compendio di giornate quasi «banali» trascorse nella provincia della Normandia, è il racconto poetico delle piccole cose che ci procurano gioia: la prima sorsata di un boccale di birra, il pane fresco al mattino, una frase semplice come «si potrebbe quasi mangiare fuori» pronunciata nelle prime belle giornate di primavera, leggere un libro sdraiati sulla sabbia... Piccole cose che appartengono alla vita di tutti: basta fermarsi ad assaporarle. Piccole felicità o, meglio, uno sguardo felice sulla realtà quotidiana: è questo che rende la vita più semplice, oltre che più piena.

Non complichiamoci la vita

«L'enfer c'est les autres» dice la battuta conclusiva del dramma di Sartre *A porte chiuse*.[13] Non voglio fare mio questo pessimismo estremo, che considera il prossimo come l'ostacolo primario alla soddisfazione personale. Tuttavia, se interrogo le persone intorno a me, emerge implacabile sempre la stessa lamentela: «Se solo non ci fosse quel rompiscatole in ufficio... Se non avessi una moglie o un marito soffocante... Se mio cognato (o mia suocera) fossero meno intriganti!».

Il punto è che spesso questi personaggi difficili non hanno niente contro di noi. Sono però individui che, invece di cercare di semplificare la propria vita, fanno di tutto per complicarsela. In tal modo diventano protagonisti della loro infelicità, e nel farlo ci coinvolgono, più o meno involontariamente. Spesso, all'inizio, noi siamo solo spettatori, poi veniamo tirati dentro, controvoglia, in una triste rappresentazione.

Già Silvio Ceccato,[14] intelligente e simpatico predecessore di Alberoni, ha individuato alcuni di questi «nemici»: i maniacali, i lamentosi, i colpevolizzanti, i ruffiani, i complicatori, i furbetti e gli odiosi. In questo libro cercherò invece di identificare tutti i possibili «guastatori» della nostra felicità, gli stessi che incontriamo (o possiamo incontrare) ogni giorno sul lavoro o nel privato. Non parlerò infatti di situazioni riguardanti l'ambito psichiatrico, ma degli aspetti non patologici di nevrosi e perversioni. Del resto, chi non ha mai avuto a che fare con un capo tirannico, con un'amica depressa e lamentosa, o con un parente permaloso e importuno? Sono loro che ci rendono la vita difficile, quelli che ho soprannominato i «rompiscatole». Cercheremo allora non tanto di evitarli (a volte è impossibile, soprattutto se ce li ritroviamo in ufficio o in camera da letto), quanto di evitare gli effetti negativi che possono produrre. Tentando insomma di neutralizzarli, o perlomeno di neutralizzare alcuni loro comportamenti «tossici».

I nemici dentro di noi

Lo ammetto: sarebbe troppo facile adottare una posizione di tipo «nazifascista», che consiste nel dire: «Identifichiamo chi ci rompe le scatole ed eliminiamolo». È una tentazione frequente nelle più disparate situazioni sociali, ma il vivere democratico ci ha insegnato che la realtà è molto più complessa di quella che può proporre una visione stile film western, dove il mondo è diviso in buoni e cattivi. In particolare, la psicoanalisi ci ha mostrato che i nemici principali si annidano spesso nel nostro mondo interiore, e che la nostra incapacità di accettare le debolezze altrui finisce per crearci grandi problemi. Freud ci ha spiegato che siamo particolarmente sensibili alle parti di noi che non vogliamo vedere ma che riconosciamo proiettate negli altri. È tipico, in questo senso, il sentimento d'invidia che proviamo per le persone che si permettono quello che noi non osiamo fare. Possiamo per esempio nutrire una certa ammirazione – magari inconfessata – per il borseggiatore napoletano che ruba con destrezza, o per il commerciante che riesce a «bidonare» la sua assicurazione.

Proveremo quindi, in ogni capitolo, a identificare il nemico che è dentro di noi, nella convinzione che questo ci aiuterà quanto la ricerca di nemici esterni ben visibili, se non di più.

Strategie di serenità

Innanzi tutto proveremo a riconoscere, tipologia per tipologia, le personalità «difficili» più comuni: i narcisi, i paranoici, i cattivi, gli ansiosi, i depressi, i traditori, i perdenti, gli inaffidabili. Poi tenteremo di capire se possiamo attivare dei comportamenti che ci permettano di evitare i conflitti. Non si tratta di elaborare una banale ricetta di una vita più semplice perché più superficiale, ma di effettuare un'analisi settoriale e differenziata delle strategie più adeguate, a seconda dei soggetti che ci troviamo davanti.

La sessualità non sarà, come nei libri precedenti, al centro di questo progetto. Il mio intento è quello di applicare al mondo quotidiano di ciascuno di noi alcuni principi fondamentali della psicoanalisi, che ha resistito alle critiche di quasi un secolo e che è diventata patrimonio culturale di tutti. A Freud è stato rimproverato di aver sviluppato una teoria della normalità a partire dalla nevrosi. In realtà, al di là degli aspetti prettamente psicopatologici, il suo insegnamento rimane immortale, anche nell'ottica di un'applicazione più atomizzata delle sue geniali intuizioni. Non si tratta né di psicoanalismo né di volgarizzazione, ma del tentativo di usare alcuni suoi principi per rendere la vita al tempo stesso più ricca e più semplice.

I
I narcisi

Ricordate *Apocalypse Now*,[1] di Francis Ford Coppola? È un film crudele e visionario, ambientato al tempo della guerra in Vietnam, in cui sono delineate almeno tre tipologie di narcisi: il militare americano interpretato da Robert Duvall, talmente sicuro di sé che, solo per affermare la sua volontà di dominio, in una memorabile scena fa avanzare i suoi elicotteri in una zona esposta al fuoco nemico al suono della wagneriana *Cavalcata delle Walkirie*. E poi Martin Sheen, capitano dei servizi segreti americani, il cui obiettivo è rintracciare – ma finirà per ucciderlo – il capitano Kurtz (un Marlon Brando non ancora obeso), un disertore che vive nella giungla cambogiana, dove ha creato un vero e proprio regno, e che fa la guerra alla sua maniera, seguendo soltanto le sue regole, obbedendo soltanto alle sue leggi, il sogno di tutti i narcisi.

In un registro del tutto diverso troviamo i narcisi al femminile: personalità non fragili e capricciose, come quelle istrioniche e teatrali di cui parleremo più avanti, ma molto aggressive e rompiscatole. A volte, però, il loro atteggiamento risulta utile: come quello di Marta che, abituata a comportarsi da primadonna, spacciandosi per una star ha ottenuto la migliore camera in un albergo o il posto in un ristorante già completo. È persino riuscita a farsi rimborsare un biglietto aereo a causa di un ritardo ingiustificato.

Ma il narcisismo di Marta non è certo distruttivo, a differenza di quello di Sonia, l'assillante compagna di Antonio. Lui ha 62 anni ben portati, anche se un po' «aiutati» da una perenne abbronzatura da lampada e da qualche ritocco ai capelli. Lei ne ha 47 e fa letteralmente impazzire il suo partner. Hanno fissato il primo appuntamento per una terapia di coppia; il giorno prima, però, hanno litigato per l'ennesima volta. Lui ha cercato di fare la valigia e andarsene, lei invece gli ha strappato la camicia di dosso. Antonio ha infine accettato di rimanere a condizione che Sonia lo accompagnasse alla consultazione. Ma poi si è presentato sconsolatamente solo, perché lei non è voluta venire, salvo telefonare durante la seduta per verificare che lui fosse proprio lì e non con un'altra donna. Sonia, oltre a essere follemente gelosa (persino della sorella e della figlia di Antonio), è una tipica rompiscatole, avida, isterica e cattiva. Ha già rovinato un marito e un altro amante, che si sono dati entrambi all'alcol e hanno smesso di bere solo quando la relazione con questa donna infernale è finita. Ex artista diplomata in informatica, in realtà Sonia non lavora da almeno quindici anni e, dopo il divorzio, è riuscita a dimostrare che era disoccupata e a ricevere per due anni, oltre all'assegno di mantenimento dell'ex coniuge, anche il sussidio di disoccupazione. Dunque non vampirizza le energie altrui solo in campo sentimentale.

E nell'intimità? Facendo leva sul fatto che è una bella donna, esige da Antonio una sessualità particolarmente attiva. E se il partner si mostra stanco, lo aggredisce, cerca di eccitarlo e di stimolarne i genitali, anche quando lui non vuole.

La tattica di Sonia è comunque l'intimidazione, che con Antonio, un uomo relativamente debole, funziona. Questa donna alterna minacce di suicidio a quelle di scandali: Antonio è stato obbligato, per esempio, a chiamare la polizia perché lei gli aveva rotto un vetro in ufficio e un'altra volta aveva cercato di dar fuoco alle tende. Quando non ne può più, finisce per schiaffeggiarla, ma poi, sentendosi in colpa, le fa dei regali e la porta al ristorante. Allora Sonia si calma e tutto ricomincia come prima. Questo rapporto stabilmente conflittuale dura ormai da tre anni: Antonio è stanco ed esaurito. Lei sente che lui vuole andarsene ma, invece di essere gentile, accentua i suoi atteggiamenti intimidatori. Fortunatamente, la complicità masochistica di quest'uomo, si è in parte attenuata grazie a una psicoterapia personale che gli ha perlomeno permesso di capire che la propria partner lo sta distruggendo. Ora lui soffre d'insonnia, ha problemi digestivi e non riesce più a lavorare come prima. È per buona parte vittima, ma anche complice di questo legame tossico, perché è molto attratto fisicamente da un tipo di donna dominante. Inoltre, ha paura della solitudine e fino a quando non avrà un'altra compagna non oserà certo lasciare Sonia, la quale a sua volta non gli dà modo di trovare una possibile sostituta!

A questo punto la terapia consisterà nel liberare Antonio dalla donna che lo ha agganciato e non vuole assolutamente «mollare la presa». In casi del genere, o si riesce a mettere in atto una controintimidazione ricorrendo al potere contrattuale, che però Antonio non possiede, o si fanno intervenire autorità esterne, come la polizia (quando ci sono estremi di violenza) o un avvocato, che inducano a rispettare la legge. Antonio ha cercato di resistere, ma senza successo. Resta dunque una sola soluzione, quella di preparare coscienziosamente una fuga. Dopo un certo periodo di tempo, infatti, le donne come Sonia cercano di «arpionare» un altro uomo, per ricominciare il loro gioco di dominio.

Il mio consiglio è dunque quello di stare alla larga da personaggi teatrali e distruttivi di questo genere. Si prova spesso un'attrazione fatale per le «rompiscatole» o per i mascalzoni ma, a meno di non cadere in una collusione o in una complicità sadomasochistica, deve arrivare il momento in cui ci si salva la vita.

Qualità o difetto?

Ho raccontato la storia di Sonia, una donna narcisista e distruttiva. Ma a questo punto è bene spiegare la differenza tra narcisismo e amor proprio, che, diversamente dal primo, è sano e benefico. L'amor proprio, infatti, implica una fiducia e una certa soddisfazione di sé e delle proprie capacità. Viceversa, chi è narciso è anche troppo soddisfatto di sé, è vanitoso, desideroso di apparire e di affermarsi: non esita quindi ad alternare comportamenti di seduzione e di intimidazione. Ma, soprattutto, è poco coinvolto dagli stati d'animo altrui, è poco attento alle emozioni sgradevoli che provoca negli altri, mentre è sensibilissimo verso i propri bisogni: manca dunque spesso di empatia, anche se a volte suscita in un primo tempo simpatia.

Il narciso è molto ambizioso sia in ambito professionale che amoroso e sopporta così male il fallimento da mettere in atto persino comportamenti mitomani per riuscire ad affermarsi. Concetta, una giovane responsabile di un'agenzia di viaggi, sosteneva di essere sempre capace di fare buoni affari. Quando era in Colombia acquistava smeraldi, mentre in Thailandia aveva scoperto dei rubini a metà prezzo e a Tahiti sapeva comperare a buon mercato le perle nere dai pescatori. Ma questo non le bastava. Era arrivata al punto di dover inventare delle storie per mantenere la facciata di donna di successo. Raccontava che in un acquario era stata istituita una lotteria per turisti, consistente nell'acquistare ostriche chiuse senza sapere se contenessero una perla. Concetta sosteneva di essere riuscita a trovare ben due perle: grazie alla sua intuizione e competenza, aveva pescato al primo colpo le ostriche giuste! Spesso, a qualche cena o festa, raccontava questo aneddoto, suscitando ogni volta sorrisetti di compatimento. Non solo. Visto che il suo fidanzato ogni tanto veniva intervistato (era un noto scienziato), lei non si tratteneva dal ricordare la sua «apparizione»: anni prima era stata presentata su un giornale come una delle più giovani esperte di viaggi. Peccato che ormai questo documento fosse piuttosto ingiallito...

Una debolezza, quella di Concetta, che dimostra come il narciso abbia bisogno non solo di essere bravo, ma anche di *apparire*. Se ha successo e nessuno lo sa, è come se ciò non avesse valore. È emblematica in questo senso la barzelletta raccontata in Tv di quell'uomo che si ritrova su un'isola deserta con Claudia Schiffer. Passano le settimane, i mesi, e la forzata castità viene infranta: fanno sesso insieme. Dopo un po' di tempo lui le domanda di dipingersi dei baffi. Lei, dopo qualche esitazione, lo accontenta, e a questo punto l'uomo le dice: «Giuseppe, tu non ci crederai, ma io ho fatto l'amore con la Schiffer!».

Questo bisogno di apparire porta il narciso al consumismo: automobili, barche, orologi e belle donne diventano indicatori sociali del suo valore. È interessante vedere come il walkman, il gadget tecnologico preferito negli anni Ottanta (soprattutto dai giovani), sia stato sostituito dal telefono cellulare. Il walkman, dicono i sociologi, era il simbolo di un «monologo narcisista io-io»: chi lo usa, cuffia in testa, è completamente isolato nel suo mondo. Viceversa il telefonino, con la sua litania «Io sono qui, tu dove sei?», è lo strumento tipico di una «comunicazione narcisista»: è indispensabile per essere sempre raggiungibili e per sentirsi nel cuore di una «rete» pulsante di parole e di messaggi.[2]

Ma, gadget tecnologici a parte, il narciso sceglie tutto, vestiti, e soprattutto accessori, costosi e visibili, preferibilmente griffati, un po' come se avessero ancora sopra il cartellino del prezzo. Olga, una conoscente che aveva guadagnato molti soldi probabilmente facendo del contrabbando con un paese dell'Est e che si era addirittura comperata anche un titolo nobiliare, mi aveva mostrato un bellissimo quadro acquistato di recente. Ma non era riuscita a trattenersi dal dirmi, subito dopo, anche quanto l'aveva pagato.

Riassumendo, caratteristiche della personalità narcisistica sono la vanità, le grandi ambizioni sentimentali e professionali, e le preoccupazioni per l'aspetto fisico o il look. Si potrebbe dire che per questi individui, che si considerano il centro del mondo, la zona più importante del corpo è l'*ombelico*!

Il narciso è egocentrico, e questo può rappresentare per lui una notevole forza, in quanto gli permette di condensare tutte le sue energie nella scalata al successo. Conosco, per esempio, pochi professori universitari immuni da questa «malattia», dato che quelli che sono riusciti a emergere hanno fatto leva appunto sul proprio narcisismo. E che dire degli scrittori, sempre così fieri delle proprie «creature»... Che si tratti di un romanzo o di un saggio, quando ne parlano non si trattengono dal dire, più o meno velatamente: «Non perché l'ho scritto io, ma è proprio un bel libro!». Esiste però, è bene precisarlo, una linea di demarcazione tra una tendenza del carattere, che si può definire giusta ambizione, amor proprio, voglia di affermarsi, e una polarizzazione di tutta la propria vita in funzione di questi obiettivi. Come dice giustamente Silvio Ceccato,[3] il narcisismo è come il sale in una pietanza: a piccole dosi la insaporisce, a dosi eccessive può renderla immangiabile.

Personalmente sono abbastanza irritato dai narcisi, forse perché anch'io faccio parte della categoria. Sono tollerante nei confronti della persona intelligente e divertente che, nel corso di una serata, riesce a monopolizzare la conversazione con argomenti interessanti. Lo sono meno se lo fa parlando soltanto di sé. Aldo Busi è uno dei tanti narcisi assolutamente autoriferiti. Ho seguito con notevole irritazione la sua esibizione all'ultimo festival di Sanremo, nel quale ha miseramente fallito nel ruolo di animatore. Ho avuto l'impressione che avesse accettato la parte solo per l'elevata audience del programma, e che quindi avesse deciso di parteciparvi all'unico scopo di parlare di sé. E questo è proprio uno degli aspetti negativi della personalità dei narcisi: la strumentalizzazione. Manipolano infatti eventi e persone in funzione della valorizzazione del proprio ego.

Secondo lo psichiatra François Lelord,[4] il narciso ha un'ottima opinione di sé, e per questo vuole essere amato, rispettato e ammirato: pensa che le regole dei comuni mortali non siano fatte per lui e che quindi non sia tenuto a rispettarle. Non sono completamente d'accordo. Sarei infatti molto più cauto nel considerare la forza dell'Io della personalità narcisista. Molte persone di questo genere hanno profondi dubbi sul loro valore e passano tutta la vita a cercare conferme, attraverso l'impegno personale, soprattutto facendo sapere «al di fuori» che sono bravi. Per esempio, per i narcisi è molto importante dimostrare di conoscere persone importanti... Un'amica aveva conosciuto Marco Columbro in un locale New Age, e non perdeva occasione, quando mi incontrava, per parlarmi dell'«amico Marco» (alludendo al fatto che era così intima con lui da non dover neanche usare il cognome). Ma, quando mi è capitato di partecipare a una trasmissione televisiva con Columbro e di rammentargli l'amica comune, mi sono accorto che lui se ne ricordava appena.

La cultura attuale dell'«apparire», per come ci viene trasmessa, in particolare, attraverso la televisione, funziona da cassa di risonanza del narcisismo. Comparire in Tv è indice di successo, indipendentemente da quanto viene detto. Farlo spesso finisce addirittura per far dimenticare i contenuti dei discorsi. I pubblicitari, abili nel gestire i meccanismi del narcisismo, riescono a mettere in evidenza le caratteristiche positive di un prodotto con una specie di formula magica, che consiste nel trasferire le qualità di un oggetto di successo agli eventuali acquirenti. «Se mangi gli spinaci sarai forte come Braccio di Ferro», ci dicevano quando eravamo bambini. E la pubblicità continua a funzionare con lo stesso meccanismo: se bevi una birra conquisterai una bionda, se acquisti una certa macchina la tua vita trascorrerà tra una vacanza e l'altra, se porterai un determinato orologio avrai successo assicurato! Forzando un po' i termini, potremmo dire che buona parte della letteratura e del cinema ha in sé una certa dose di narcisismo. E sicuramente, tutta la letteratura memorialistica (diari, autobiografie, ecc.) è spudoratamente narcisa.

Il narcisismo sano fa anche parte dell'ambizione personale e della vita di relazione. Ne è un esempio il primo trofeo Mediapolis RCS organizzato da Mario Mele, geniale creativo che si occupa della pubblicità mediatica degli imprenditori. Nella Villa Cipriani di Asolo, sui campi da golf di Gilberto Benetton, ha organizzato una gara tra vip dell'industria e della cultura e giornalisti doc. Del torneo, molto divertente, è stato anche realizzato un video, presentato la sera stessa durante la cena. Le persone si sono quindi ritrovate sullo schermo, con un ovvio guadagno per il loro amor proprio. Gli sponsor ci hanno coperto di regali: questo ha soddisfatto la nostra parte infantile e il desiderio di essere i protagonisti di un evento che si svolgeva in un luogo incantevole. Il sottoscritto ha vinto il premio messo in palio dalla Lindt, consistente nell'equivalente in cioccolato del peso corporeo del vincitore. Sono quindi salito sulla bilancia in pubblico, e per i prossimi nove mesi riceverò mensilmente dieci chili di cioccolatini! Questa manifestazione simpatica, e probabilmente utile per le persone direttamente interessate, conferma che il narcisismo, quando viene gestito con buon gusto, permette di soddisfare sia l'essere sia l'apparire.

Tuttavia, in questo capitolo analizzeremo soprattutto gli aspetti meno divertenti e positivi del narcisismo. E, senza dimenticare ciò che abbiamo detto finora, cercheremo di verificare anche quanto narcisismo c'è in ciascuno di noi. Diceva infatti La Rochefoucauld: «Ciò che rende la vanità altrui insopportabile è il fatto che ferisce la nostra!».

Tipologie di narcisi

Il narciso che possiede qualità è simpatico, o perlomeno interessante, fino a quando non appare la sua difficoltà a entrare in empatia con gli altri. Altri narcisi, invece, sono a mio parere antipatici sin dall'inizio. Vediamoli.

Il seduttore

Mi viene in mente Matteo, un architetto di 36 anni che ha sempre avuto un certo successo con le donne. È un abilissimo seduttore: ogni volta che si innamora (o almeno pensa di farlo), è capace di grandi corteggiamenti, manda poesie, rose e costosissimi regali. Ma alla preda di turno basterebbe guardare per bene la sua casa di scapolo d'oro per allarmarsi. Ovunque, persino in camera da letto, ci sono bellissime foto, scattate al mare, nel deserto, in città straniere, che però hanno un solo soggetto: Matteo.

Anche Guido, che ha più o meno l'età di Matteo, piace alle donne, ma cade sempre nello stesso errore. Come con Tina, la sua ultima conquista: appassionato del deltaplano, nel loro primo weekend insieme l'ha portata vicino al lago di Como, dove si allena. Si è esibito più volte nei suoi voli spericolati, e poi si è offerto di avvicinarla a questo sport e di insegnarle i trucchi. In realtà, quest'uomo vanitoso voleva solo mostrarle quanto era bravo. E infatti, anche dopo che Tina ha imparato a lanciarsi con il deltaplano, Guido ha continuato imperterrito a farle vedere trucchi e manovre, senza che lei lo richiedesse. Alla fine Tina è rimasta delusa e irritata da questo inguaribile narciso, che non apprezzava affatto i suoi progressi ma voleva solamente essere ammirato.

L'errore di Antonia, invece, è stato quello di innamorarsi di un narciso dongiovanni. Professoressa di liceo di 37 anni, ha vissuto per due anni un grande sogno in un'isola delle Eolie, dove è approdata munita solo di un sacco a pelo e del grande desiderio di evadere da una vita troppo borghese e banale. Predisposta com'è all'avventura, Antonia incontra Gaetano, ex contrabbandiere, ora titolare di un ristorante che apre in estate senza nessun permesso e con norme igieniche approssimative, ma capace di offrire calore umano e una buona cucina. Affascinata da questo personaggio un po' outsider, che vive rifiutando per principio qualsiasi legge o regolamento, e che si permette ciò che lei non ha mai osato, accetta la sua corte, ma per sua sfortuna se ne innamora. E spera di costruire con lui una vita diversa e meravigliosa. Da allora è pronta a tutto, anche a prestargli soldi per il ristorante, e ammira il modo in cui lui lotta e litiga contro l'autorità municipale che lo boicotta tagliandogli l'elettricità. Ma quando si verificano incidenti di percorso, è come se anche a Gaetano «togliessero» la corrente. Diventa «scuro», fa mangiare e dormire Antonia al buio, ma soprattutto riversa su di lei il suo cattivo umore. Eppure l'indomani, quando rispunta il sole, è di nuovo appassionato e fa l'amore come un dio pagano...

Quello che lei ancora non capisce è che Gaetano è un affascinante narciso, che segue solo le sue pulsioni interne, siano esse di rabbia o di amore. Per lui la controparte (il sindaco, la partner...) non conta, e il punto di vista altrui ancora meno: per questo Antonia deve inserirsi nelle caselle emotive di Gaetano oppure rassegnarsi a essere trattata come una «rompiscatole».

Dopo un'estate ruggente, lei riprende il suo lavoro, raggiungendo Gaetano solo per alcuni weekend. Al suo arrivo lui però non si fa trovare come promesso all'aliscafo, e cerca poi di farsi perdonare con una serata romantica e una bottiglia di buon vino locale. È solo la prima di tante delusioni, poiché piano piano Antonia scopre che Gaetano confonde l'arcipelago delle Eolie con un arcipelago di donne che animano la sua vita. Una volta lei arriva sull'isola nell'anniversario del loro incontro per fargli una sorpresa. Ma purtroppo il suo compagno non è solo: accanto a lui, al ristorante, c'è una ragazza bionda. Antonia si sente pugnalata, cerca rifugio da un'amica conosciuta sull'isola, che la consola dicendole che «Gaetano è sempre stato così, bisogna prendere o lasciare».

In effetti, un uomo del genere segue solo il ritmo dei suoi bisogni, senza preoccuparsi di quelli degli altri. Questo narciso, al tempo stesso affascinante e imprendibile, continua ad attrarre Antonia ancora per un anno, fino a quando, cioè, lei mantiene l'illusione di vivere e di arricchirsi attraverso questa esperienza. La donna accarezza infatti la fantasia segreta che se con le altre Gaetano è un edonista egocentrico, solo con lei può trovare il vero amore. Ma quando anche questa illusione svanisce, Antonia riesce finalmente a guarire dalle sue pene sentimentali e lasciare per sempre Gaetano e la sua isola.

Il competitivo

Ignazio ha suscitato sin dall'inizio in me una strana sensazione. Malgrado la sua giovane età (ha appena compiuto 30 anni), è venuto a chiedere il Viagra, per essere sicuro di non fare cilecca nelle sue saltuarie avventure: donne che incontra nei grandi alberghi delle città europee dove lo porta la sua frenetica attività professionale. Ignazio è perennemente agitato all'idea di dover ottenere buoni risultati nel lavoro. Con le donne è esattamente lo stesso, e la sua salute ne risente: soffre di insonnia e di una tendenza all'ipertensione senza cause organiche. Parla molto di denaro e poco di sentimenti, insistendo sul fatto che bisogna diffidare delle donne che vogliono sistemarsi col matrimonio. Le difficoltà di Ignazio ad amare sono dovute a un difficile rapporto con i genitori. Sua madre era abbastanza defilata, ma suo padre, molto ambizioso, voleva che il figlio riuscisse a tutti i costi come ingegnere e prendesse in mano la ditta di famiglia. Ignazio, invece, se n'è andato di casa e ha creato una propria società commerciale, che deve continuamente ingrandire per dimostrare al padre di aver avuto ragione.

Il rapporto di Ignazio col mondo è basato sulla competizione e non sulla comprensione amorevole. Se la ricerca del successo nei rapporti professionali giustifica in parte il suo comportamento, con le donne questo gli crea evidenti difficoltà. È animato da una grande diffidenza, che gli risulta utile nel lavoro, dove è difficile imbrogliarlo o fargli firmare dei contratti poco vantaggiosi, ma gli complica terribilmente la vita affettiva. Corollario ineluttabile di questo modo di essere sono le relazioni episodiche con donne probabilmente interessate e con cui deve fare soltanto «bella figura». Per tutti questi motivi, Ignazio può essere inserito nella categoria dei narcisi antipatici: con persone del genere si possono trattare eventualmente gli affari, ma non si riesce ad avere uno scambio affettivo.

Per quel che mi riguarda, nella mia vita professionale ho cercato di affermarmi, ma al tempo stesso di aiutare altri a «crescere» dal punto di vista lavorativo. Fa infatti parte dei doveri morali di un professore aiutare, consigliare e «sponsorizzare» i propri allievi migliori. Nell'insieme non rimpiango questo atteggiamento, anche se un paio di volte sono rimasto molto deluso dal fatto che persone alle quali avevo insegnato il mestiere hanno cercato di prendere il mio posto. Non sono d'accordo con il detto che esiste un solo Monte Bianco, cioè una sola persona che può riuscire mentre gli altri sono evidentemente subalterni e perdenti. Questo atteggiamento mentale è pericoloso e impedisce l'accesso a un rapporto fraterno e paritario. Per continuare con la metafora montana, è importante invece ricordarsi che sulle Alpi esistono innumerevoli cime di grande bellezza: il Cervino o il Monte Rosa, per esempio, non hanno niente da invidiare al Monte Bianco, solo perché quest'ultimo è alto qualche metro in più!

Il comportamento competitivo e concorrenziale è caratteristico soprattutto delle persone agiate. Costoro devono infatti confrontarsi continuamente con altri ricchi: in Svizzera, per esempio, ho conosciuto alcuni armatori greci che, pur avendo molto denaro per vivere bene, non possono fare a meno di trovare concorrenti alla loro altezza. E del resto, spesso in passato i giornali hanno parlato delle epiche sfide tra Niarchos, Livanos o Onassis…

In ogni caso, la ricerca continua di un concorrente è una specie di boomerang: all'inizio sembra dare maggior forza, ma alla fine – che si vinca o si perda – lascia un grande vuoto, o perlomeno una grande stanchezza, come nel caso di Ignazio. Abbiamo tutti bisogno di sfide o di gare, ma non dobbiamo dimenticare che queste devono costituire per noi dei mezzi, non dei fini. La miglior competitività, per costituire davvero uno stimolo, dovrebbe essere, prima ancora che con gli altri, *una sfida con se stessi.*

Il vendicativo

Anni fa, nel periodo della liberazione sessuale, sono stato testimone di una triste storia, culminata con la fine di un'amicizia tra due coppie. I quattro protagonisti si vedevano spesso, e facevano anche le vacanze insieme. Una delle donne, Cecilia, aveva perso all'improvviso lo zio materno che l'aveva cresciuta, e ciò aveva creato in lei una notevole insicurezza e uno stato depressivo. Il suo compagno, Alessio, invece di aiutarla in quel difficile momento se n'era andato per conto suo, dicendo che aveva bisogno di fare una vacanza da solo. Cecilia, delusa e disperata, si era allora rivolta a Federico, il fidanzato dell'amica Nicoletta, che, sedotto da questa richiesta di aiuto, è caduto in quella che io chiamo «sindrome del San Bernardo», e si è sentito in dovere di soccorrerla e consolarla. Ma, non capendo il vero bisogno di Cecilia, ha fatto l'amore con lei.

Alessio, scoperta la storia al proprio rientro, ha subìto una grave ferita narcisistica e ha deciso di vendicarsi: ha cercato a sua volta di sedurre Nicoletta, la fidanzata di Federico, e al rifiuto di questa le ha raccontato che il suo fidanzato l'aveva tradita con Cecilia. Ne è seguito un pandemonio: le due donne e i due uomini hanno rotto la loro amicizia, e anche il piccolo paese dove abitavano si è diviso in quell'occasione in due «fazioni» opposte... Insomma, un grande pasticcio, che avrebbe potuto essere risolto ricercando il vero motivo che l'aveva causato: la depressione che aveva portato Cecilia a chiedere aiuto a

Federico piuttosto che al fidanzato assente. Purtroppo il narciso Alessio ha avuto bisogno di vendicarsi e di distruggere ogni cosa, creando molti più danni di quanto fosse necessario.

Il saputello

Esiste anche una forma di narcisismo mascherato da erudizione. I saputelli sono quelli che vogliono sempre avere ragione, si vantano di sapere tutto di tutto e si premurano di dare in ogni caso il loro parere, perché sono abili a portare le discussioni nel campo che è a loro più congeniale. Riguardo a questa tipologia di narcisi ho conosciuto soggetti di ogni tipo: pescatori e cacciatori, esperti d'arte, di vini, e persino instancabili organizzatori di vacanze. Ricordo un conoscente, leader di un drappello di vacanzieri di Courmayeur, che non accettava di essere contraddetto sulla scelta delle escursioni, sulle quali, con saccente erudizione, pretendeva di avere sempre l'ultima parola. Più ossessivi, al limite dell'ipocondriaco, i saputelli «medici»: sanno tutto di ogni morbo e malattia, anche la più rara; consigliano l'ospedale migliore, lo specialista più quotato. E naturalmente sono un'enciclopedia vivente per quanto riguarda sintomi e diagnosi.

Del resto, l'incapacità di ammettere di aver torto emerge nei campi più svariati. Per esempio, gli appassionati di bridge passano molto tempo a giocare e ancora di più a discutere, dato che in questo gioco, come in politica, esistono diverse soluzioni per una stessa situazione. Il che permette la difesa a oltranza della propria posizione.

Una variante più femminile dell'atteggiamento dei saputelli, è il narcisismo sensitivo. Ne sono affette, in genere, le donne che, di fronte a qualunque evento, anche il più imprevisto, hanno pronta la loro frase emblema: «Me lo sentivo». Che si tratti del deragliamento di un treno, dell'alluvione in Piemonte o di una piccola disgrazia in famiglia, costoro espongono, anzi esibiscono, una specie d'intuizione paranormale. Purtroppo, le uniche previsioni che potrebbero servire sono quelle che anticipano gli eventi disastrosi, non quelle che li seguono: così la loro competenza viene meno proprio nei momenti in cui sarebbe più utile!

Dove nasce il narcisismo

Abbiamo già ricordato il parere dello psichiatra Lelord, il quale sostiene che il narciso ha la convinzione di essere superiore agli altri; quindi il fatto di essere ammirato e di riuscire è per lui una naturale fatalità. In tal caso si tratta di persone con un Io ipertrofico ma comunque prive di narcisismo maligno. Al limite mancano di autocritica e di senso della misura, ma l'intima convinzione del loro valore non è messa in discussione.

Ora, il mito di Narciso[5] ci fornisce una versione più pessimista. Narciso, figlio del fiume Cefiso e della ninfa Liriope, era così bello da far impazzire d'amore uomini e donne, e provocare il suicidio della ninfa Eco, invaghitasi di lui. Durante una partita di caccia, Narciso assetato si avvicinò a uno stagno e vide la propria immagine riflessa nell'acqua. Se ne innamorò e, nell'impossibilità di raggiungerla, cadde nello stagno e morì. Al posto del suo corpo nacque il fiore chiamato appunto narciso.

La spiegazione psicoanalitica data da Freud[6] nel 1914, e poi sviluppata dalle scuole postfreudiane di Chicago,[7] ha mostrato come nel narcisismo ci sia tutta una serie di gradazioni, dalla più patologica alla più evoluta.

Il narcisismo primario è legato al bisogno di essere amati e quindi degni di esistere. Si sviluppa precocemente nei rapporti madre-bambino e rappresenta la radice della fiducia personale, quella che gli anglosassoni chiamano «basic trust». Un ambiente caloroso è il contenitore affettivo e il presupposto di questa fiducia. Didier Anzieu[8] ha parlato del «bagno sonoro» costituito dalle nenie della madre che si rivolge al proprio bambino, «immergendolo» appunto in un mare di vezzeggiativi, frasi dolci e rassicuranti, lunghi discorsi su quello che stanno facendo insieme, anche se il piccolo non è ancora in grado di decifrare il significato delle parole.

Discutere dei presupposti del narcisismo primario trascende la finalità di questo libro. Ci limitiamo perciò a rinviare, per un approfondimento del tema, agli autori (tra gli altri, Kohut e Kernberg) che si sono occupati espressamente di questa dimensione. Il narciso, comunque, ritira il suo interesse dall'oggetto d'amore e si rinchiude in un'autosufficienza orgogliosa, fondata sulla fantasia: «Non ho bisogno di nessuno». Questo movimento, nel rapporto madre-bambino, ha anche un effetto positivo, in quanto riduce la dipendenza dalla madre e sviluppa nel bimbo la capacità di star solo in sua presenza. La patologia del narcisismo primario non si esprime attraverso le banali manifestazioni del narciso adulto, ma con disturbi molto più gravi in ambito psichiatrico: e cioè con i comportamenti delinquenziali, quando l'Io ipertrofico crede che tutto gli sia permesso, con il masochismo o con la depressione, quando crollano le difese narcisistiche.

I comportamenti meno patologici di cui intendiamo parlare hanno origine in tappe successive della formazione della personalità. Nell'ambito della relazione edipica, il bambino (e la bambina) cerca di «identificarsi» alternativamente con il padre o con la madre. Questa oscillazione permette identificazioni multiple e ricche di significato. Quando però i genitori vivono forti insoddisfazioni personali, può capitare che prendano il bambino a «testimone» del loro disagio, bloccando in questo modo il suo sviluppo armonioso.

Come è capitato a Ettore, rampollo di una famiglia bene di Mantova, «ostaggio» di una madre infelice e spesso sola, dato che il padre, un noto industriale e uomo politico, si recava regolarmente a Roma (dove aveva parecchie avventure). La madre aveva eletto il figlio a «testimone» della sua infelicità, e durante le assenze del padre lo faceva dormire nel proprio letto: non per latenti desideri incestuosi, ma per non sentirsi sola. Ettore ha così sviluppato la «sindrome del piccolo principe», convinto com'era di essere l'unico a poter consolare la madre. Quando però il padre rientrava, il bambino doveva tornare nella sua camera, perché i genitori, dopo il solito inevitabile litigio, dormivano insieme.

Ettore ha sviluppato un sentimento di frustrazione e ha giurato a se stesso che quando fosse diventato grande, l'avrebbe fatta pagare agli altri uomini. È diventato un manager dall'ambizione sfrenata, convinto che esista un solo posto al sole e che lui se ne debba appropriare. Non è riuscito a mettere in atto il meccanismo di identificazione con il padre, che gli avrebbe permesso di diventare «come» lui un uomo adulto, ma ha sviluppato il fenomeno opposto, cercando di diventare adulto «al posto» del padre.

Non dimentichiamo poi che il narcisismo è una fase normale dello sviluppo e che il bambino è naturalmente egocentrico finché, sotto la spinta degli esempi familiari e dell'educazione scolastica, non impara i principi della reciprocità e dell'alterità. Questo non avviene in alcuni soggetti che continuano a mettere l'Io davanti al Tu, e non sanno che cosa sia il Noi. E in questo atteggiamento sono spesso legittimati dalla società dei consumi che, pur di vendere, rafforza il diritto a soddisfare esclusivamente i propri bisogni.

Anche nelle relazioni affettive bisogna passare attraverso una realizzazione narcisistica e personale prima di sviluppare il legame con l'altro. Ci sono alcuni individui, di solito depressi, che si comportano secondo la formula «vivere *per l'altro*». Per adottare invece quel modo di essere più elaborato, che si riassume nella formula «vivere *con l'altro*», è necessario passare attraverso una fase intermedia che consiste nel «vivere *per sé*». Solo il raggiungimento del diritto a un sano egoismo permette poi di negoziare un'interazione più adulta. Altrimenti si corre il rischio di portare avanti, nel corso della vita, rapporti di potere estremamente tossici, oppure una coesistenza senza una vera comunicazione, come nel caso di Piero e Pia.

Piero e Pia, una coppia sulla quarantina, sono molto autonomi e indipendenti: tanto che, pur vivendo insieme, hanno un televisore, un bagno e un telefono a testa. Ma il loro rapporto coniugale è «avvelenato» da una serie di malintesi. Vediamo qual è stato l'ultimo: una domenica Piero «navigava» in Internet in salotto, mentre la moglie puliva l'argenteria, operazione annuale lenta e noiosa. Lui, non sentendo altri rumori in casa e aspettando di essere chiamato, ha continuato tranquillamente a navigare. Più tardi, la moglie gli ha rimproverato di essere il solito egoista e di passare la domenica davanti al computer, mentre il figlio adolescente era rimasto a casa apposta per passare un po' di tempo con lui. È nato così l'ennesimo malinteso: Piero non si è scusato, anzi ha affermato che in famiglia c'era la solita pessima comunicazione; mentre Pia ha ribattuto che il suo comportamento egocentrico aveva creato l'ennesima tensione. Durante la seduta seguita a questo litigio, abbiamo identificato i punti deboli della loro comunicazione di coppia: ognuno parla tra sé e sé, e nessuno parla al partner.

Torniamo a quella domenica: Piero pensava che sarebbe stato chiamato, Pia invece immaginava che il marito si sarebbe occupato della famiglia. Ognuno ha dunque tenuto conto esclusivamente dei propri pensieri, e nessuno ha pensato di chiarire le proprie aspettative rivolgendosi semplicemente al partner.

Territori dove impazza il narcisismo

Cerchiamo adesso di vedere bene in quali territori il narcisismo è più visibile. Innanzi tutto il sesso, dove troviamo persone così narcise (sia uomini sia donne) da diventare falliche.

Sesso: le personalità falliche

Secondo Eugène Monick[9] il fallo, nel mito, emerge come immagine sacra e, nella storia, come sostegno aggressivo al potere patriarcale. Si è dunque costruita tutta una mitologia per la quale la quantità delle esperienze sessuali ha maggior valore rispetto alla qualità. Numerosi sono i pazienti alla ricerca della normalità che domandano ansiosamente le misure di un sesso in erezione, la durata di un rapporto, la giusta frequenza settimanale o mensile. Queste persone, che confondono la parte con il tutto, condensano il loro narcisismo in un organo del proprio corpo, rischiando così di trasformare l'uomo nella *parte inutile del pene*.

L'attuale successo del Viagra, al limite dell'isteria collettiva, deve farci riflettere su questa dimensione nascosta del narcisismo maschile. Non è un caso che gli afrodisiaci siano sempre stati un monopolio maschile e che abbiano sempre promesso, più che un piacere condiviso, prestazioni eccezionali. Nelle mie numerose conferenze di psicologia medica ho dovuto spesso insistere sul fatto che la dimensione pulsionale della sessualità non deve farci dimenticare la sua importanza relazionale. È insomma inutile creare, con protesi o con farmaci, erezioni da atleti del sesso se poi gli uomini sono incapaci di relazionarsi con la partner.

Pare addirittura che siano le prostitute stesse, adesso, a offrire il supporto del Viagra. Ma allora il rapporto sessuale – e questo a prescindere dal fatto di pagare o no – non è più un fare l'amore con una donna, ma diventa una «masturbazione in vagina».

Anche la ricerca del multiorgasmo femminile è stata interpretata non come una forma di piacere condiviso, ma come un nuovo sacrificio sull'altare del narcisismo maschile. Se infatti un tempo la donna era valorizzata in relazione al numero di figli che dava al patriarca, ora il narcisismo di lui è valorizzato dal numero di orgasmi che può provocare nella partner!

Il narcisismo fallico, comunque, lungi dall'essere esclusivamente maschile, compare sempre più spesso anche nelle donne.

Ne è un esempio Jole, una dirigente di quarant'anni, bella ma molto antipatica, che insiste per dirmi quello che dovrò consigliare al marito (che mi invita a vedere poco dopo). È venuta in terapia perché non riesce ad avere un figlio. Fino a trentasette anni non se ne è preoccupata, dato che ha sempre privilegiato la carriera. Quando ha conosciuto Alberto, un noto sindacalista, è nata una storia appassionata, basata su un'intensa vita sessuale e numerosi scontri ideologici. Hanno cominciato a litigare sulla politica, ma poi hanno continuato sul progetto-bambino: che Alberto, divorziato con tre figli, vedeva con poco entusiasmo. Al contrario Jole, dopo aver fatto una bella carriera, ha trovato il compagno giusto e ora vuole realizzarsi nella maternità. E cerca di rimanere incinta con piglio manageriale, per non dire ossessivo. Si è però sentita poco assecondata dal marito, che l'accompagna controvoglia alle visite mediche. In particolare, quando è stato proposto di fare un tentativo di fecondazione in vitro, da estroverso sindacalista romagnolo lui si è ribellato. Da allora Jole presenta insistenti cistiti, senza che ci siano problemi batterici, e una progressiva infiammazione vulvare e vaginale che rende impossibili i rapporti sessuali.

Dato che Alberto è sessualmente molto attivo, si può pensare che questa «dispareunia» (il dolore che Jole prova quando cerca di fare l'amore), senza una ragione patologica, sia di origine psicologica. Infatti la dispareunia si presenta spesso in donne attive, che hanno uno stile «fallico-convesso» più che «concavo-ricettivo», nelle quali cioè l'aggressività domina sulla sensualità. Alberto, tra l'altro, è un uomo abbastanza narciso, fiero del suo ruolo di sindacalista; ma Jole, come tante personalità falliche, trova che il successo di lui sia troppo ingombrante e finisca per farle ombra. Lei non sopporta di vivere di luce riflessa; si lamenta delle ingiustizie nei confronti delle donne e dei privilegi maschili (e maschilisti). In realtà è lei che presenta una personalità fallica, tutta orientata verso il «fuori» e verso il successo. Con un profilo del genere si capisce meglio anche il sintomo della dispareunia, dovuto forse al fatto che il «dentro» (la vagina) viene considerato un meno e non un più.

In questa lotta di potere, Jole non sopporta di non riuscire a controllare la fertilità coniugale. E attualmente vuole un figlio a tutti i costi perché non tollera le sconfitte. Afferma in maniera decisa anche il suo dilemma: o accettare di fare la cortigiana per recuperare suo marito, o rompere con lui. Purtroppo, a quarant'anni non è facile trovare un altro compagno e questo la fa esitare... A parte la bellezza, non capisco che cosa Alberto trovi in quasta donna: io la fuggirei come la peste. Gli uomini dovrebbero diffidare delle donne belle e intelligenti che usano le loro qualità non per «condividere» la loro vita, le loro emozioni, ma per schiacciare. Ed è questa la differenza tra una donna affascinante e una «rompiscatole».

Coppia: i narcisi in famiglia

Alcuni narcisi sono «totalitari», tali, cioè, sia in pubblico sia in privato, mentre altri sono leoni in ufficio e agnelli in casa. Altri, invece, sono dei travet in ambito professionale e approfittano delle mura domestiche per dar sfogo alla loro prepotenza. Altri, infine, gestiscono la famiglia come fosse un'azienda.

Camillo, 62 anni, è un top manager di successo; vive una vita professionale vorticosa, circondato da tre segretarie e cinque avvocati. Nato in una famiglia di umili origini, è attualmente al vertice di una multinazionale, dopo essere stato il beniamino dell'amministratore delegato e l'amante segreto della figlia di quest'ultimo. Negli affari Camillo è in una perpetua corsa in avanti, convinto com'è che ci siano molti giovani ambiziosi pronti a prendere il suo posto non appena darà segni di stanchezza o di inefficienza.

Non è lui che viene a chiedere un aiuto terapeutico, ma sua moglie Gloria, che ci spiegherà quanto Camillo tratti la famiglia come un'azienda, adottando un comportamento «tribale». Lui, infatti, che sul lavoro è un leader indiscusso, nel privato ha organizzato la sua vita con la coesistenza di varie donne. Con la moglie ha avuto quattro figli, ora grandi e tutti sposati: lei rappresenta il suo punto fisso, ma è al tempo stesso la dimostrazione vivente di un passato modesto che lui rifiuta. Gloria ha ora scoperto che Camillo, dieci anni fa, ha avuto un figlio da un'altra donna, alla quale ha anche regalato un appartamento. Vive con l'amante almeno due giorni alla settimana, approfittando della libertà che gli offre la sua frenetica attività professionale. La scoperta è avvenuta per caso, dopo la telefonata di un'altra donna, Esther, che tempo prima era stata abbandonata da Camillo. L'ex amante era al corrente del segreto e, per vendicarsi, ha deciso di raccontarlo alla moglie.

Ma non è finita, perché l'universo di Camillo è sempre stato pieno di donne meteore, che narcisisticamente amava portare in giro per il mondo ai vari ricevimenti ufficiali. Gloria, che si è occupata molto dei figli e ha trovato anche il modo di esercitare la sua professione di architetto d'interni, è stata per una ventina d'anni una moglie attiva; progressivamente, però, è rimasta confinata nella casa di campagna, dove lui la raggiunge ogni tanto quando ha bisogno del «riposo del guerriero». Camillo si comporta come l'uomo preistorico che andava a caccia di donne come di prede e tornava nella caverna per riposarsi e leccarsi le ferite. Purtroppo, in famiglia e nei rapporti con l'altro sesso adotta lo stesso comportamento tribale che si è rivelato efficace sul lavoro e grazie al quale è rispettato, almeno finché avrà successo.

Gloria non riesce più a convivere con un narciso che gestisce la famiglia come un'azienda; certo, porta ancora a casa energie positive, ma rifiuta di «inserirle» nell'intimità a due. In effetti Camillo preferisce la vita di famiglia a quella di coppia. I loro quattro figli sono ormai sulla trentina, tutti professionisti affermati, e ora sono arrivati anche quattro nipotini. Quando Camillo torna a casa, non passa più di un'ora da solo con Gloria senza chiedere che anche i figli siano presenti. Se questo non è possibile, comincia a trascurare la moglie telefonando ai figli, con i quali ha sempre avuto un'ottima comunicazione. Cosa fare, allora, a sessant'anni, con un marito affascinante e narciso, quasi quarant'anni di vita in comune e una famiglia comunque riuscita? Accettare la situazione? Andarsene per ricominciare un'altra vita? Iniziare finalmente a dettare alcune condizioni, per non essere sempre vittima dei programmi altrui? Gloria ha scelto questa terza soluzione: consulterà un avvocato per conoscere i suoi diritti; e, incredibilmente, ha assoldato un detective, per studiare i punti deboli delle altre donne. Al tempo stesso spenderà un po' di soldi del marito per frequentare un istituto di bellezza e probabilmente concedersi un piccolo lifting che sogna da tempo. Credo che uno scontro frontale con Camillo la vedrebbe perdente, ma anche la sottomissione eccessiva finirebbe per minare il suo benessere psicofisico, dato che ormai soffre d'insonnia e di coliti spastiche. Recuperando una parte dei suoi diritti e sopravvivendo a quel ciclone di narciso che è suo marito, Gloria troverà forse un modo per salvarsi la vita.

Dobbiamo anche distinguere tra «coppie simmetriche» e «coppie complementari». Nelle coppie simmetriche, in cui i partner coltivano cioè ambizioni analoghe, i rispettivi narcisismi possono sempre esplodere quando i bisogni dell'uno non sono più sincronizzati con quelli dell'altro. Queste unioni hanno successo quando i partner mettono insieme le loro ambizioni alla ricerca di un successo comune. L'espressione sociale più recente di questo atteggiamento è rappresentata dagli yuppy e poi dai «dinks» (*double income no kids*, due stipendi e niente figli), i nuovi egoisti che vogliono avere appunto due stipendi, niente figli, tempo e soldi per godersi vacanze e lunghi weekend. In altri termini, tali coppie hanno obiettivi o nemici comuni, mentre la loro comunicazione interna è spesso fragile. E possono entrare in conflitto quando la loro evoluzione non è più simmetrica.

Emilio, un collega d'università, era diventato velocemente professore, mentre Paola, la moglie, accudiva i figli. Passata la cinquantina, ha cominciato a desiderare che la coniuge si occupasse anche di lui. Ma lei, dopo aver fatto da moglie e da madre, ha deciso di portare avanti la propria carriera universitaria, tra l'altro in una città diversa da quella in cui lavora il marito. E questo ha scatenato un grave conflitto nella coppia, che ora rischia di separarsi.

Ci sono poi altre coppie, quelle complementari, che presentano una «collusione narcisistica», in cui solo uno dei due è il narciso esplicito, mentre il partner vive di luce riflessa.

È il caso di Adriano, 33 anni, e di Sofia, 30. Sono due manager brillanti e intelligenti, sposati da quattro anni. Il loro matrimonio è andato in crisi apparentemente per ragioni sessuali. Sofia, molto innamorata, si è trasferita da Firenze a Milano per seguire il marito; ma è rimasta delusa dal fatto che Adriano, dopo pochi mesi, abbia quasi rinunciato al sesso. Questo in concomitanza con un esame andrologico per verificare la fertilità (dato che vorrebbero avere un bambino, ma non ci riescono) che Adriano ha fatto controvoglia, rifiutandosi poi di sottoporsi a controlli ulteriori. Questo atteggiamento passivo, nella sessualità e nel progetto-bambino, all'opposto di quello attivo e assertivo sul lavoro, ha finito per bloccare anche Sofia, che non si sente più donna.

Adriano, sempre ben vestito e ipereducato, è in realtà un «handicappato delle emozioni», che nasconde dietro una patina di perbenismo. Si veste alla moda, ha la macchina giusta, legge il «Wall Street Journal», o perlomeno lo appoggia ostentatamente sulla mia scrivania. Se però gli chiedo come mai la sua libido è debole, dice di non averne la minima idea; pensa che ci sia una ragione ormonale, ma non per questo vuole essere aiutato. La sua insufficienza sessuale è semplicemente negata, perché rappresenta un'insostenibile crepa nella sua facciata narcisistica. E non si chiede neppure se la sua assenza di desiderio possa mettere in crisi una giovane moglie innamorata. È egocentrico, ipercontrollato e ipercritico, e vive i rapporti in modo distaccato e sprezzante: la sua affettività è come pietrificata.

Sofia è tutto il contrario: «complementare a oltranza», pensa non a sé ma al marito, e si mette fin troppo in causa, domandandosi se non è abbastanza attraente. È un'ansiosa cronica, che ha sofferto durante l'adolescenza di numerose cistiti e disturbi mestruali. Sua madre, che soffre di un disturbo alla tiroide (morbo di Basedow), è ancora più angosciata di lei, e la figlia fin da piccola l'ha vista spesso piangere per un nonnulla.

Sofia fa di tutto per aiutare questo marito narciso, che idolatra; ma ogni sforzo è vano. Inoltre si colpevolizza perché ha poco seno, mentre lui sostiene di essere eccitato solo da donne molto prosperose!

La coppia porta avanti per qualche tempo questa vita a due seria e formale, in cui il marito vampirizza le energie della moglie, accusandola di essere noiosa e insufficiente, quando in realtà è lui ad avere libido ed emozioni del tutto imprigionate. A un certo punto, però, succede che Sofia accetta la corte di un collega di lavoro, e dopo un po' lo confessa ad Adriano, il cui fragile narcisismo subisce un duro colpo. All'inizio vuole subito divorziare, poi le chiede di tornare, ma, invece di capire e perdonare, la accusa e la critica. Sofia comincia allora seriamente a uscire dal ruolo di figura complementare e colpevole. Ciò avviene però in maniera drammatica, per esasperazione, attraverso un tentativo di suicidio «dimostrativo»: vuole far capire al marito che non sopporta più la sua cattiveria. Alla fine è lei che, sostenuta dalla psicoterapia, domanda il divorzio, allo scopo di uscire da un matrimonio ormai insostenibile. Adriano accetterà in un primo tempo la decisione della moglie, ma poi si vendicherà con numerose rappresaglie finanziarie, per non «fare la figura» del coniuge perdente. E, per salvare la faccia, almeno in società, si vanterà di una storia ad alta gradazione erotica con un'amica della segretaria!

Il narcisismo è gay?

Sembra un luogo comune, e forse lo è davvero, ma una consistente frangia del mondo omosessuale è particolarmente sensibile al narcisismo, sia positivo sia negativo. Da Oscar Wilde a Elton John, dal dandy effeminato di inizio secolo alla rockstar, ma anche ai «bad boys» giovani e languidi, icone della moda.

Del resto, gli omosessuali si interessano, allo stesso modo e a volte anche più delle donne, dei nuovi ritrovati estetici e delle strategie «anti-aging». E al tempo stesso, per famosi travestiti come Ru Paul e per le più trasgressive *drag queens*, la trasgressione o l'esibizionismo che fa notizia origina da un atteggiamento narcisistico.

Ho conosciuto omosessuali particolarmente suscettibili e permalosi, mentre in altri la sensibilità che li rende tali ha permesso di sviluppare un gusto estetico e una creatività eccezionali, che si esprimono sia nella moda sia nella gastronomia. Il che ci conferma come il narcisismo sia un dio bifronte, che in alcuni casi favorisce la possibilità di realizzarsi e in altri porta all'autodistruzione.

Over 60: quando i narcisi invecchiano

Il narciso è in lotta perenne con tutto ciò che minaccia la sua immagine e, quindi, anche contro l'invecchiamento. Alcuni, più elastici, possiedono un ideale dell'Io adeguato alla propria età, il che permette loro sufficienti soddisfazioni.

Ma, in taluni casi, l'età che passa può diventare il nemico principale dei narcisi. Per esempio per gli sportivi che, non sopportando di ridurre le proprie prestazioni, in genere vivono male l'invecchiamento. Non di rado finiscono per assumere additivi chimici o darsi all'alcol per consolarsi degli insuccessi. Ciò porta, nei casi meno gravi, all'obesità, tipica di quanti smettono di fare attività agonistica. Ho tuttavia conosciuto quest'anno l'ex campionessa olimpionica Sara Simeoni, che rappresenta, nel suo equilibrio di mamma e moglie, una preziosa eccezione rispetto a questo mondo di narcisi da record.

Comunque, le donne sono più suscettibili degli uomini al mito della bellezza e al peso dell'invecchiamento. Il narcisismo malato può portare alla mania del bisturi (si comincia con il contorno occhi e si finisce con la liposuzione) e a comportamenti o cambiamenti personali che, lungi dall'avere la funzione di migliorare davvero una persona, sono meri «sostitutivi», stanno cioè al posto di qualcosa che non c'è più: la giovinezza.

Caso estremo, quello di una narcisa per scelta e forse anche per obbligo, l'americana Jocelyne Wildenstein, protagonista di un divorzio miliardario. Il suo viso risulta così ritoccato dal bisturi, con le labbra così gonfie di silicone, da essere quasi sfigurato: e infatti l'ex bella donna ha testimoniato in tribunale di essere stata praticamente costretta alle operazioni di chirurgia plastica (innumerevoli, in vent'anni di matrimonio), per soddisfare, oltre al suo narcisismo, la paranoia di un marito terrorizzato dai segni del tempo.

Con il passare degli anni, comunque, sono molti i narcisi che vengono presi dal «démon du midi» (il demone della mezza età), quello spiritello che porta (un tempo verso i cinquant'anni e ora anche più tardi) a comportamenti sentimentali imprevedibili e passionali. A causa del desiderio di cambiamento, talune persone iniziano nuove esperienze con persone diverse e spesso più giovani, che creano così la speranza e a volte l'illusione di fermare il tempo. La rivista «Panorama»[10] ha dedicato di recente a questo fenomeno una copertina dal titolo eloquente: *Ricomincio da lei*. All'interno, si parlava di uomini della finanza, della cultura e della politica che, attraverso la compagnia di una donna più giovane di dieci o vent'anni, non hanno solo inseguito un'illusione, ma sono veramente ringiovaniti, trovando uno stile di vita più dinamico e appagante.

Narcisi sul palcoscenico: gli isterici e i teatrali

Alcune tipologie di narcisi cercano continuamente di attirare l'attenzione altrui con comportamenti teatrali, giochi di seduzione alternati a drammatizzazioni eccessive. Se fanno commenti sugli altri sono esagerati sia nell'idealizzazione sia nella critica, e la loro descrizione degli eventi è più emotiva che razionale, piena di imprecisioni e priva di riferimenti obiettivi. L'abbigliamento e altri «accessori», come il telefonino e la macchina, sono componenti essenziali della recita. Gli atteggiamenti, tra l'altro, sono perlopiù instabili e danno la sensazione di scarsa autenticità. Insomma, il vecchio slogan di «Panorama» – *I fatti separati dalle opinioni* – è sconosciuto a questa tipologia di narcisi, che nella vecchia terminologia psichiatrica erano definiti «personalità isteriche». Dal 1980 questa espressione è scomparsa dalla classificazione ufficiale DSM (*Diagnostic and Statistical Manual of Mental Disorders*), perché, già nella radice etimologica, fa riferimento all'utero, quindi a un disturbo tipicamente femminile, mentre possono esserne affetti anche gli uomini. Inoltre, nel linguaggio comune il termine ha assunto una sfumatura offensiva, dato che tende a confondere gli isterici mitomani con i simulatori volontari. Dobbiamo però essere grati a queste personalità isteriche, perché con il loro narcisismo sono riuscite ad attirare l'attenzione di Sigmund Freud.[11] Fu proprio osservando le pazienti della buona società di Vienna, infatti, che egli, all'inizio del secolo, gettò le fondamenta della teoria psicoanalitica.

E allora, perché parlare di queste personalità nel capitolo sul narcisismo? Perché la loro visione del mondo è infantile ed egocentrica; essi hanno in fondo un'immagine poco positiva di sé e cercano quindi continue conferme del proprio valore attraverso lo sguardo affascinato che provocano negli altri. Un po' come fa Madame Bovary, descritta da Gustave Flaubert come una signora di provincia che si annoia e che aspetta che ci si occupi di lei fino a farle vivere una vita da sogno.

Il mondo dello spettacolo è pieno di questi personaggi che usano il loro modo brillante di apparire per sedurre milioni di fan e raggiungere il successo. Nella mia esperienza ormai decennale in Tv, non più del 30 per cento dei personaggi incontrati mi sono parsi felici, o perlomeno contenti; nella maggior parte si dividono tra una commedia pubblica e un dramma privato.

Oltre agli attori e ai personaggi dello spettacolo, anche avvocati, uomini politici e pubblicitari possono affascinare le folle giocando sulle emozioni. Ma la diversità tra una personalità teatrale e quella autenticamente carismatica non tarda a emergere. Essa consiste nella differenza tra il *mostrare* e l'*esibire*. Le persone davvero valide, che hanno fiducia nelle proprie possibilità, non esitano a mostrare le qualità che pensano di possedere; l'esibire consiste invece nel mostrare quello che non c'è. Come l'esibizionista sessuale si eccita attraverso l'effetto sorpresa o la paura che riesce a provocare, così la personalità teatrale vive solo attraverso le emozioni che è in grado di suscitare. In altri termini, l'isterico è un «narciso debole», che non riesce a sostenere a lungo il confronto, come fanno invece le personalità falliche e aggressive di cui abbiamo parlato.

Vediamo ora quali sono i punti deboli degli isterici.

INCAPACI DI INTROSPEZIONE

Pur essendo egocentriche, queste persone non sono capaci di osservarsi veramente e non si rendono conto del modo in cui si comportano. Veronica ha 37 anni ed è una bella donna; è molto impulsiva con gli uomini, ma poi si pente delle sue azioni. Ha tradito tre volte il marito (che tra l'altro è innamoratissimo di lei) e ogni volta ha finito per rivelarglielo. Questo in nome di una trasparenza che è in realtà cecità per le ragioni nascoste del suo comportamento. Quando è depressa, Veronica ha bisogno di sedurre per sentirsi viva, ma poi le situazioni le sfuggono di mano... Ha avuto una prima storia con l'infermiere che accudiva una zia malata; poi con il fruttivendolo al quale chiedeva sempre le «primizie»; e recentemente con il pediatra che era stato così gentile nel curare il suo bambino!

Con il marito ha creato un rapporto di doppia e reciproca dipendenza. Lei ha bisogno di lui, anche se lo tradisce; lui ha bisogno di lei, e in fondo la tiene legata con il suo continuo perdono. Tra l'altro, i compagni di queste donne isteriche diventano spesso dei veri «infermieri sentimentali», perché, quando la seduzione non riesce, esse regrediscono e cercano aiuto attraverso malattie funzionali, spesso immaginarie. Veronica, già da piccola, metteva di nascosto il termometro sul calorifero per far salire artificialmente la febbre. E, ancora oggi, si lamenta di mal di testa, di capogiri, per farsi compatire e curare dal marito. Malgrado l'apparente trasparenza nel dialogo coniugale, non è consapevole di aver trasformato il marito in un «infermiere» poco attraente rispetto a quello reale con cui l'ha tradito.

INAFFIDABILI

A un congresso medico ho conosciuto Gennaro, un organizzatore di convegni gentile ed estroverso, sempre pronto a offrirti un caffè, a cui si accompagna immancabilmente l'invito a promuovere iniziative scientifiche comuni. Ogni volta gli domando di mandarmi un fax di conferma con proposte e condizioni, ma mi arrivano sempre notizie imprecise, e il mitico convegno che dovremmo preparare insieme non è ancora stato programmato. Gennaro è pittoresco, divertente, ma inaffidabile. Tra l'altro ha già raccontato in giro che sta facendo grandi cose con me, nel tentativo di usare il mio nome come garanzia per organizzare seminari con altra gente. È tipico delle personalità teatrali l'esibire rapidamente le proprie conoscenze altolocate, mentre chi detiene davvero il potere preferisce il silenzio.

ECCESSIVI

Vincenza è una vera grafomane; mi sommerge di lettere per sapere cosa penso di un libro che ha pubblicato a sue spese alcuni anni or sono. Tutto in lei è eccessivo, a cominciare dall'eloquio straripante. Mi racconta che, nel venire all'appuntamento, per l'emozione non ha rispettato uno stop e ha dovuto pagare una multa salata. Le dico che non mi sento per niente responsabile (come lei spera), e allora passa a raccontarmi la sua difficile vita sentimentale: a quarant'anni tutti gli uomini che ama svaniscono come neve al sole. L'ultimo, un architetto posato e sensibile, è rimasto colpito da una poesia che lei gli ha dedicato, ma poi ha preso le distanze quando lei, come un fiume in piena, gli ha mandato una bella lettera. Bella, certo (anch'io per accontentarla l'ho dovuta leggere), ma assolutamente fuori dalla realtà, visto che la loro storia non era neppure cominciata.

Insomma, le idee di Vincenza sono originali, ma sbagliate per quanto riguarda il «timing». È poco diplomatica, non sa mentire né aspettare; le sue strategie di corteggiamento sono mediocri perché seguono il suo mondo interiore e non i bisogni altrui. L'architetto, già inquieto, si è defilato quando lei gli ha chiesto di trascorrere insieme un weekend al mare «come lui aveva promesso». In realtà, quest'uomo aveva ventilato tale possibilità nei generici discorsi di un primo incontro e sottolineando la propria attrazione per lo sci nautico più che per Vincenza!

ESOTERICI

Il grande successo del movimento New Age è servito da contenitore per una variante spirituale dell'isteria. La religione cattolica ha creato i suoi santi ma anche i suoi demoni (come testimonia il film di Ken Russell *I diavoli*,[12] in cui la possessione collettiva di monache portò al rogo Urbain Grandier). Nel New Age l'unione di spiritualità orientale e misticismo, la valorizzazione dell'intuizione e della sensorialità hanno creato nuovo spazio per il soggettivismo, ma anche per l'egocentrismo. Cristina (Kris per gli amici), ben vestita, intelligente e nutrita di buone letture di psicologia umanista, fatica a dare un senso alla sua vita di quarantenne. Ha avuto tre o quattro storie importanti, ma non ha mai voluto sposarsi, e ora si trova a dover gestire due figli di padri lontani. E invece di telefonare regolarmente, comunica con loro attraverso i tarocchi. È vegetariana e sorpresa che sua figlia sia un po' anoressica; alterna chiropratica e agopuntura. Ha soprattutto bisogno di essere ascoltata, ma non riuscendo a farlo moltiplica le situazioni terapeutiche, dove ottiene ascolto a pagamento. La sua specialità è quella di erotizzare queste relazioni professionali: dà del tu ai terapeuti che glielo permettono e ha persino consultato un esorcista, che però, a quanto sembra, ha finito per rovesciarle addosso le sue difficoltà personali!

Le ho proposto una psicoterapia, ma lei ha preferito delle sedute di ipnosi, più suggestive. Poi ha organizzato un viaggio in Thailandia, con uno stage di meditazione buddista. È una donna ancora piacente, senza problemi di denaro, perciò le è facile vivere in questa rete di conoscenze «alternative» che le forniscono stimoli e le danno accoglienza. Ma anche a lei, come a tante personalità isteriche, apparirà di colpo lo spettro di un difficile invecchiamento.

Per vivere meglio

Cambiare un narciso? Quasi impossibile. La maggior parte delle strategie mira invece a trovare un «modus vivendi» il più possibile esente da problemi. Una specie di scudo difensivo, insomma. Ecco alcuni consigli.

1. *Sviluppare l'umiltà complementare.* Ricordate la favola della volpe astuta che voleva il formaggio tenuto nel becco dal corvo? Non sarebbe riuscita nel suo intento se il pennuto fosse stato meno credulone e, cedendo alle sue lusinghe, non avesse aperto il becco per cantare. Quindi cerchiamo di essere un po' «volpi» con i narcisi... Se hanno un modo di fare superbo, a volte è meglio assecondarli nel loro bisogno di protagonismo e assumere un atteggia-

mento di umiltà complementare. Se vogliono parlare molto, accettiamo di ascoltarli con empatia o al limite con pazienza, almeno fino a quando sono sopportabili. Ognuno di noi, in fondo, vorrebbe essere al centro dell'attenzione come quando era bambino. Mettiamo perciò in sordina il nostro narcisismo e, paradossalmente, riceveremo apprezzamenti ed elogi dal narciso... perché sappiamo ascoltare intelligentemente!

2. *Rispettare le forme.* Quando ero un giovane assistente all'ospedale di Ginevra, partecipai all'annuale gita in montagna. In quell'occasione fui molto sorpreso nel vedere che i viceprimari, pur sciando velocemente, si guardavano bene dal superare sulla pista il professor Müller, che da aitante sessantenne guidava la truppa come in una parata militare. Agli assistenti non restava che accodarsi, come, in ospedale, durante le visite al letto dei malati rigidamente ritmate dalla gerarchia. I narcisi infatti, perlomeno quelli che hanno fatto strada, sono particolarmente sensibili alle forme di rispetto sociale: per loro il potere è tale solo se viene riconosciuto dall'esterno. Con loro, quindi, basta rispettare le forme: si sentiranno soddisfatti nel loro narcisismo e saranno più malleabili.

3. *Saper fare i complimenti giusti.* Non si tratta di facili adulazioni, alle quali i narcisi intelligenti sono avvezzi e verso cui hanno un atteggiamento critico. Si tratta invece di esplicitare tutti gli aspetti positivi del loro modo di fare o di dire, sottolineandoli, qualora ciò sembri opportuno. E quindi, se il vostro partner (marito o moglie che sia) ha la velleità di cucinare cene sofisticate, non bisogna lodarle a priori, ma saper apprezzare un risotto riuscito perfettamente all'onda (se è il caso), tralasciando semmai di commentare gli altri piatti magari non proprio azzeccati. Il narciso, infatti, come l'inguaribile Casanova, è sempre alla ricerca di conferme. E allora perché negargli questa soddisfazione, quando la si considera legittima?

4. *Spiegare loro le reazioni degli altri.* Il narciso appare a volte scostante proprio perché non abbandona mai il filo del

proprio ragionamento ed è come cieco alle reazioni di chi lo circonda. Si può allora aiutarlo diventando «traduttori del pensiero altrui». Fare capire il punto di vista della controparte, aiutare a relativizzare il senso degli eventi, può essere infatti per questi individui addirittura terapeutico.

5. *Rinunciare a reciprocità e gratitudine.* A volte, nella nostra visione egocentrica delle relazioni umane, chiediamo al narciso di avere delle qualità che non gli sono proprie: pensa che tutto gli sia dovuto, quindi proverà raramente gratitudine, perché vive questo sentimento come un segno di debolezza. Lo stesso vale per la reciprocità, che il narciso rifiuta in quanto ammissione della necessità di uno scambio, cioè per non dover riconoscere di aver bisogno di qualcosa. Tutt'al più gli si può proporre un esercizio chiamato «baratto», attuato da Donata Francescato nei suoi seminari di psicologia sociale. Nei «gruppi esperienziali», le persone sono invitate a offrire agli altri qualcosa che hanno e a chiedere qualcosa che non hanno. E se i narcisi compiono facilmente il primo passo, sono molto più a disagio con il secondo!

II
I paranoici

Loris, 50 anni, bisessuale, è un mio amico d'infanzia: simpatico, abilissimo commerciante, bello e molto attento al suo fisico. Dietro questo ritratto di vincente si nasconde una personalità permalosa e suscettibile. Se non lo si tiene in sufficiente considerazione, infatti, pensa subito che lo si voglia criticare e che in fondo non si accetti la sua inclinazione sessuale. Nonostante il nostro rapporto di fiducia, basato su un'amicizia trentennale, ha periodicamente nei miei confronti accessi di «interpretatività patologica», cioè di un impulso irrefrenabile che lo porta a voler interpretare miei gesti o atteggiamenti, anche in modo piuttosto aggressivo. Non è malato né soffre di mania di persecuzione in senso strettamente psichiatrico, ma la sua visione della realtà è inquinata da un perenne dubbio nei confronti di sé. Come ha ben spiegato Freud nel caso Schreber, il punto è che Loris ha un profondo senso critico verso le proprie pulsioni, ma per non deprimersi deve proiettare all'esterno il persecutore che porta in sé.

Italia, 61 anni, è suscettibile e permalosa quando viene messo in discussione il suo punto di vista. Oggi è in pensione, ma è stata un'apprezzata pedagogista, che insegnava l'importanza della dialettica e dell'ascolto empatico. Dieci mesi dopo la morte del padre, è stata colta da una grave depressione, e da allora il suo sentimento di «non valore» si è accentuato. A differenza di Loris, non è aggressiva, né altezzosa e proiettiva, ma il suo carattere ombroso le rende molto difficile la vita di relazione. Talvolta le basta una banale discussione finita male per mettersi a letto per due giorni, fino a quando il marito o la figlia non si occupano amorevolmente di lei, facendole ritrovare l'energia per riprendere una socialità seminormale.

Insomma, Loris e Italia sono due casi classici di persone afflitte da piccole paranoie. Ci convivono, ma rendono l'esistenza un po' più difficile a sé e agli altri.

Paul Watzlawick[1] riporta un esempio calzante per descrivere questo tipo di personalità maldestra. Un uomo vuole appendere un quadro. Poiché non ha il martello, decide di chiederlo in prestito al proprio vicino di casa. Ma, prima di farlo, gli sorge un dubbio: «E se lui non me lo vuole prestare? Ieri mi ha salutato appena, forse aveva fretta, o forse era arrabbiato con me. E perché? Io non gli ho fatto nulla; e del resto, se qualcuno mi chiedesse un utensile, glielo darei subito. Perché lui no? Certe persone rovinano l'esistenza degli altri. E per giunta si immagina che io abbia bisogno di lui, solo perché possiede un martello. Adesso basta!». E così si precipita a suonare alla porta del vicino e, quando lui gli apre, gli grida: «Si tenga pure il suo martello, villano!».

Un soggetto del genere, maldestro e un po' paranoico, proietta continuamente il proprio mondo interiore sulla realtà esterna. Ed è assolutamente convinto di essere nel giusto. Mi viene in mente anche un film americano molto divertente, *Swingers*,[2] il cui protagonista, diventato da poco single «non per scelta», incontra una ragazza in un locale notturno. Incoraggiato dagli amici, la abborda e le chiede il numero di telefono. Si consulta con loro su quando richiamarla (deve aspettare almeno due giorni, meglio ancora una settimana, gli consigliano), ma, precipitoso com'è, non riesce ad aspettare, e le telefona all'una di notte, appena rientrato a casa. E, poiché lei non risponde, lui le lascia una serie di messaggi, uno più frenetico dell'altro, sulla segreteria: da «Ci siamo appena conosciuti, ti ricordi di me?» a «Sono uscito da una lunga storia, ora ti racconto...», in un crescendo surreale, fino all'ultimo «Sarà meglio non vedersi per un po'». In un monologo esilarante, egli vive insomma tutte le tappe di una storia che in realtà non è mai cominciata.

I maldestri e i paranoici, del resto, sono tra i bersagli preferiti di scherzi e aneddoti umoristici. Come quello della vecchia zitella che abita in riva al fiume e chiama la polizia per segnalare che alcuni ragazzi fanno il bagno nudi. Interviene un agente, che intima ai ragazzi di spostarsi più lontano, dove non ci sono case. Il giorno dopo, però, la signora telefona di nuovo, dicendo che con il cannocchiale riesce ancora a vederli dalla finestra della soffitta.

Spesso il paranoico è stato un bambino triste, che, diventato adulto, non ha smesso di soffrire. Vive «senza pelle», cioè senza protezioni tra sé e il mondo: per questo è suscettibile e permaloso. È sensibile all'atmosfera allusiva delle cose non dette e, con l'arroganza tipica dei timidi, provoca maldestramente negli altri una reazione di rifiuto. Lo psichiatra Claude Olievenstein[3] cita, a questo proposito, l'esempio di una vecchia signora alla quale era stato preso per sbaglio il posto in treno. Sebbene il colpevole, dopo essersi scusato, avesse cambiato posto, le lamentele non erano cessate, anzi si erano estese alla sorte ingiusta riservata agli anziani, che ormai non dovevano far altro che «morire come dei cani abbandonati».

Alcune di queste personalità difficili, tuttavia, osano ciò che i comuni mortali esitano a intraprendere: non a caso, come vedremo, ci sono molti paranoici tra gli eroi e i fanatici. Essi possiedono una durezza-forza a cui si contrappone una fantasia relativamente povera, poiché il paranoico è come imbavagliato in un rispetto eccessivo della legge, che rende ogni trasgressione, anche solo immaginaria, un grande tormento. Dietro questa rigidità si cela la paura che lo sguardo altrui possa cogliere le proprie pulsioni sessuali segrete. Nella realtà, tuttavia, il paranoico ha una sessualità normale, anche se certe sfumature dell'eros e dell'edonismo gli rimangono sconosciute.

Alla larga da fanatici ed eroi

Il meccanismo che li fa agire è quello che vediamo ben descritto nel film *Air Force One*.[4] Harrison Ford, che impersona il presidente degli Stati Uniti, è alle prese con una banda di terroristi che dirottano il suo aereo e, andando al di là di ogni limite morale, uccidono freddamente gli ostaggi pur di liberare un loro compatriota in prigione. Oltre che dall'assenza di autocritica, il fanatismo è caratterizzato da un sentimento di potenza, che fa compiere azioni a volte eroiche, ma più spesso distruttive e incivili. La possibilità di trattare da pari a pari, ed eventualmente umiliare, il presidente americano ha l'effetto di una forte sniffata di cocaina: fa sentire onnipotenti.

Spesso, dietro un terrorista si nasconde una difficile storia familiare. È lì che bisogna scavare per capire l'origine di questi pericolosi eccessi, che per alcuni trovano sfogo nel privato, per altri nel pubblico. Del resto molti, da bambini, hanno provato sentimenti di inferiorità. La specie umana è la sola a vivere un così lungo periodo di latenza in cui il piccolo dipende dagli adulti, in media il doppio di ogni specie animale. Questo ha il vantaggio di rendere più rilevante il ruolo della cultura rispetto a quello della natura, ma al tempo stesso determina uno stato di dipendenza, che, se vissuto in maniera frustrante, non si permea di fiducia, ma si carica di rabbia, di sentimenti d'ingiustizia e di propositi di vendetta. Ed ecco allora comparire i primi segni di ribellione, che indurranno queste persone a comportamenti pericolosi per sé e per chi li circonda. Si può trattare di disturbi passeggeri dell'adolescenza, che si esplicitano in fughe o atteggiamenti di sfida, oppure si traducono in uso di droghe e piccoli atti di delinquenza.

Non sempre, però, le radici dei comportamenti paranoici sono da ricercare nella storia individuale. A volte il contesto sociale in cui si vive contribuisce a generare queste difficoltà. Infatti, un mondo che non offre ai giovani sufficienti sbocchi professionali o prospettive di un futuro sereno impedisce loro di canalizzare le proprie energie e di trasformarle in comportamenti socialmente utili. A questo proposito trovo particolarmente interessante il film *Mio figlio è un fanatico*,[5] tratto da un racconto dello scrittore anglo-pakistano Hanif Kureishi. Un ragazzo, figlio di un immigrato pakistano che vive in Inghilterra, un tassista dignitoso e mite, reagisce con atteggiamenti di fanatismo religioso al disagio metropolitano e a un difficile processo di integrazione culturale. Con i suoi eccessi, spingerà il padre, ormai disperato, a rifugiarsi tra le braccia di un'altra emarginata, una giovane prostituta. E sarà lo scandalo.

Il meccanismo dell'eccesso è tipico. Secondo André Haynal,[6] il fanatico ci obbliga a prendere posizione pro o contro una causa: è un terrorista o un eroe, mai un abile negoziatore. La società ha avuto periodicamente bisogno di questi personaggi, che hanno attraversato la storia (Alessandro il Grande, Nerone, Napoleone, ma anche Gengis Khan, Stalin e Hitler) e la cui immagine cambia a seconda della prospettiva da cui la si guarda, come dimostrano oggi gli esempi di Fidel Castro e Saddam Hussein.

In ogni caso il fanatico è sempre «l'altro», perché il proprio fanatismo è impossibile da riconoscere. Il fanatico è convinto di possedere la verità, e questo gli dà la forza di imporla, in genere usando la violenza. Ciò comporta l'eclissi dell'intelligenza, il trionfo della passione sulla ragione. Per Voltaire, il fanatismo è il principale nemico di quella colonna vertebrale del vivere civile che è la tolleranza.

Quattro sono le principali manifestazioni pubbliche del fanatismo. Vediamo quali.

1. *Il nazionalismo*. Un esempio? L'atteggiamento del soldato napoleonico il cui nome ha dato origine alla parola «sciovinismo», Nicolas Chauvin, ferito ben diciassette volte in battaglia: storpio e sfigurato, non cessò mai di vantarsi di quelle ferite che dimostravano il suo sviscerato amore per la patria.

2. *Il fanatismo (o terrorismo) politico.* Oggi, come ai tempi di Robespierre, il Terrore è la legittimazione dello Stato-ragione, che attraverso la ghigliottina attua la sua vendetta e impone la sua sovranità.

3. *Il fanatismo religioso.* Si basa sulla dominazione dell'altro, sia esso agnostico o infedele. La fede, che dà la certezza di possedere la verità, prevale su tutto. Molti leader, da Mosè a Khomeini, traggono la loro forza da un carisma di tipo religioso.

4. *Il razzismo.* È la paura del diverso, la persecuzione dell'estraneo: che sia l'ebreo internato nei campi di concentramento, l'uomo di colore ghettizzato dall'apartheid, o il vu cumprà all'angolo della strada.

Facciamoci del male

I paranoici possono procurare notevoli danni a chi incontrano sulla loro strada. Come accade ai membri del famoso equipaggio del *Bounty*, che, in un film memorabile interpretato da Marlon Brando,[7] si ammutinano e seguono il primo ufficiale su un'isola tropicale, che però si rivela non essere il paradiso terrestre che tutti immaginavano.

Ma, soprattutto, i paranoici possono rendere la vita molto, molto difficile a se stessi. Il mix di alcune componenti della loro personalità (diffidenza, sentimento di inferiorità mascherato da altezzosa superiorità, rigidità nei legami affettivi, integralismo intellettuale) può risultare deflagrante.

Come dimostra la storia di Riccardo, 55 anni. Ha alle spalle tre mogli e un mestiere d'avvocato che ha abbandonato dopo aver perso un processo, a suo avviso ingiustamente, poiché era convinto che l'avversario avesse influenzato i giudici. Si è messo a fare l'antiquario: l'arte dei paesi dell'Est e dell'Estremo Oriente era sempre stata il suo hobby. A un certo punto ha acquistato, in perfetta buona fede, due icone che, in realtà, erano state rubate a una fondazione greca. Le ha rivendute a un industriale italiano, che le ha esposte permettendo così la scoperta del furto iniziale. Qualche mese dopo Riccardo è stato arrestato all'aeroporto di Atene, e ha fatto un mese di carcere in attesa dei documenti che dimostrassero che aveva legalmente acquistato le icone da un antiquario. Dopo essere stato liberato, è rientrato in Italia e ha voluto fare giustizia fino in fondo. Ha sporto denuncia ai carabinieri e, nell'attesa che fosse revocato il mandato di cattura internazionale, non si è dato per latitante. Inflessibile, convinto dei suoi diritti, desideroso di mettere alla prova la giustizia italiana, si è costituito e ha fatto altri cinque mesi di carcere preventivo a San Vittore, finché, ritenuto innocente, è stato assolto. Eppure gli amici e il suo avvocato gli avevano consigliato di agire con astuzia; ma Riccardo, che ha in sé un po' del martire e un po' dell'eroe, ha preferito presentare il petto al plotone di esecuzione. Oggi racconta ancora l'esperienza unica del carcere, ma ha anche pagato la sua rigidità a caro prezzo.

Viola è più abile di Riccardo, e nella vita sociale gioca bene le sue carte di trentacinquenne bella e intelligente. Purtroppo, la sua lieve forma di paranoia si manifesta nel mondo degli affetti. Quando era bambina, la madre l'aveva mandata a vivere dai nonni perché preferiva dedicarsi alla carriera. Il padre, severo soprattutto riguardo al rendimento scolastico, le voleva bene ma la criticava spesso, ed era incapace di esprimerle sentimenti d'apprezzamento. Perciò Viola, adolescente ribelle, è uscita presto di casa e ha usato tutte le proprie energie per ottenere il successo professionale, e dimostrare così al padre che aveva torto. Nel rapporto con gli uomini, convinta com'era che essi volessero solo «quella cosa», non ha fatto altro che esercitare il suo potere attraverso il sesso, cercando così di verificare continuamente la propria abilità seduttiva. In questa lotta con l'altro sesso non ha mai voluto stabilire un legame duraturo, perché lo considerava una forma di sottomissione. Quando però, superati i trent'anni, ha sentito il desiderio di sposarsi, non c'è riuscita, e ha mandato a monte due fidanzamenti. La ragione? L'eccessiva rigidità nel dettare al partner le sue condizioni, e le sue pretese troppo elevate. Viola esigeva infatti un matrimonio in chiesa, una bella casa di proprietà e un marito benestante, intelligente e fedele, da cui avere almeno tre figli. Aveva però dimenticato di valutare la sua forza contrattuale: cosa poteva offrire lei a un uomo del genere, che, se davvero esisteva, era probabilmente già occupato? Così, dopo anni di fallimenti affettivi, oscilla ora tra momenti di grande rabbia e, più raramente, di depressione, visto che tutte le sue ex compagne di scuola si sono ormai sposate. È sempre più convinta che gli uomini siano egoisti, immaturi, incapaci di impegnarsi, mentre i due fidanzati, probabilmente, se ne sono andati proprio perché il suo carattere difficile e il suo comportamento autoritario hanno finito per offuscare le qualità che possiede. Forse Viola avrebbe dovuto accontentarsi di un uomo meno «perfetto» sulla carta, ma più tollerante. La sua ambizione (chiamiamola pure «minionnipotenza» paranoica), però, l'ha spinta a volere solo il meglio: infatti indossa esclusivamente abiti firmati, abita nel centro di Milano e guida una costosa macchina sportiva. Viola è intelligente, grintosa, diffidente, ma questi suoi tratti caratteriali, che le hanno consentito il successo sul lavoro, ne stanno compromettendo la vita privata. Le mancano infatti l'elasticità, la diplomazia, la capacità di usare la carota e non solo il bastone!

Esistono poi anche i paranoici «in coppia», che si punzecchiano reciprocamente con sottintesi sarcastici o acide critiche, in un'interminabile escalation di cattiverie e rappresaglie. Non si limitano in genere al pretesto del momento, ma generalizzano risuscitando vecchi rancori mai sopiti.

In altri casi più fortunati, la paranoia riappare solo in alcuni momenti regressivi, passati i quali la coppia può vivere periodi sereni e anche felici. È il caso di Vera e Michele.

Sposati da dieci anni, hanno due figli; non vogliono separarsi, ma continuano a litigare. Vivono in perenne conflitto, e nessuno dei due vuole cedere.

Michele ha vent'anni più di Vera. Sul lavoro, si sente a disagio perché è «incalzato» da colleghi più giovani. Da un lato è felice di avere una moglie che ha molti meno anni di lui e dei figli piccoli, ma dall'altro soffre perché sostiene che lei non lo ama più come un tempo. Quando litigano, Vera insiste sulla loro differenza di età e sul fatto che non ha più la vitalità di un ragazzo. Se lei sottolineasse la maturità del marito, o il fatto che malgrado gli anni continua ad avere molte energie, probabilmente non susciterebbe il suo risentimento. Invece gli dice spesso che «gioca a fare il giovanotto», e questo tocca una corda molto delicata della sensibilità del partner, irritandolo profondamente.

Michele, dal canto suo, non è da meno quanto a goffaggine coniugale. Appena i bambini hanno cominciato ad andare all'asilo, Vera si è iscritta a una scuola di restauro. Il marito l'ha aiutata, procurandole uno stage nella «bottega» di un amico, ma malgrado ciò lei non è riuscita a inserirsi nel mondo professionale. Michele, deluso, ha subito sentenziato: «Te l'avevo detto che dopo la nascita dei bambini non ce l'avresti fatta a riprendere a lavorare». Un commento che ha suscitato un profondo risentimento in Vera, proprio perché conteneva un fondo di verità. Prima di sposarsi, fra l'altro, lei aveva sperato di diventare un'attrice, ma il suo sogno non si è concretizzato. Se Michele, invece di sbottare in un «te l'avevo detto», avesse affermato: «Meglio così, è bello che tu adesso abbia più tempo per occuparti di me e dei bambini», avrebbe probabilmente favorito la cicatrizzazione della ferita narcisistica della moglie e avrebbe avuto accanto a sé una compagna più affettuosa e meno aggressiva. Dando così il suo contributo per evitare una crisi coniugale. Vera, inoltre, nella sua periodica insicurezza è diventata permalosa e, a volte, «interpretativa», cercando spiegazioni, ovviamente negative, per ogni gesto o atteggiamento. Quando il marito guarda un'altra donna o si dimentica di dirle che non torna per cena, lei è convinta che lo faccia apposta per umiliarla. Vera e Michele sono insomma una delle tante coppie maldestre: conoscono male la grammatica dei sentimenti e moltiplicano gli errori di convivenza, che conducono poi a crisi sproporzionate.

Come riconoscerli

Fin qui abbiamo illustrato come queste piccole manie e rigidità caratteriali finiscano per nuocere al paranoico stesso, che non solo si fa del male ma si sente anche perseguitato. Ma come riconoscere tali soggetti? Come abbiamo visto, tre sono le loro caratteristiche principali: diffidenza, rigidità e interpretatività patologica della realtà. Queste danno origine ad atteggiamenti e comportamenti tipici: il paranoico cerca attivamente la prova dei suoi sospetti, si prepara a rappresaglie esagerate, manca di sentimenti positivi, soprattutto di tenerezza e di senso dell'umorismo.[8] Possiamo comunque distinguere diversi tipi di personalità paranoica.

Paranoici da combattimento

Sono i dittatori che propongono soluzioni esaltanti e semplici per risolvere i mali del mondo. Si lanciano contro l'oppressore perché devono sempre avere un nemico, che possa giustificare la loro diffidenza e il loro comportamento aggressivo. Diventano così capi della resistenza clandestina, entrano nelle Brigate Rosse o si trasformano in eroi popolari come Panagulis (il ribelle greco, grande amore di Oriana Fallaci, che ne raccontò la storia nel commovente libro *Un uomo*). Sono personaggi che popolano molti film: maschi tutti d'un pezzo come Rambo, oppure outsider romantici, ai quali hanno prestato il viso innumerevoli volte Robert De Niro e Alain Delon. E che accendono la fantasia del «bambino-eroe mancato» che c'è in ciascuno di noi.

Attenzione, però. Perché i fanatici che falliscono nelle grandi imprese si rifugiano nel mondo più ristretto dell'ufficio o della famiglia, dove assumono il ruolo di piccoli dittatori.

Barbara, per esempio, ne ha incontrato uno sul lavoro. La sua storia viene fuori piano piano. Ha 33 anni e chiede un consulto, formalmente a causa di alcune difficoltà affettive con il marito Bob, un americano che lavora per l'Onu e insieme al quale ha vissuto eventi molto stressanti. Entrambi si sono occupati di un progetto di assistenza a donne musulmane violentate dai serbi durante la guerra nella ex Iugoslavia e, se incinte, obbligate a continuare la gravidanza (quello che è stato chiamato «stupro etnico»). Barbara è esaurita dall'esperienza professionale e dal fatto che Bob deve ripartire per altri posti pericolosi (la prossima destinazione sarà il Ruanda). La situazione è tuttavia rapidamente migliorata non appena abbiamo capito che il problema non è sessuale né coniugale, ma legato a una depressione di Barbara che interferisce sulla sua libido. Come fattore scatenante emerge un tentativo di «mobbing», di ostilità gratuita da parte del suo capo. Durante l'ultima missione, infatti, ha avuto come superiore un dirigente sudafricano, che manifestava un atteggiamento tracotante e permaloso. Da giovane aveva mal sopportato di essere stato escluso dal mondo dei bianchi a causa dell'apartheid. Dopo aver fatto carriera scalando la gerarchia diplomatica, ha cominciato a dare sfogo al suo bisogno di rivincita. Ha preteso quindi che Barbara, la sua assistente, si dedicasse anche a mansioni extraufficio: le chiedeva, per esempio, di fargli la spesa. Se lei si rifiutava, subiva vessazioni, si doveva occupare di dossier noiosi e inutili, mentre ad altri venivano affidati incarichi più importanti. Barbara, una donna indipendente, che ama mantenere il controllo sulla propria vita, ha accumulato così un forte risentimento e, non potendo esprimerlo per timore di perdere il lavoro, è entrata in depressione.

Questo caso ci mostra come sia difficile avere a che fare

con soggetti permalosi, rancorosi o decisamente paranoici, soprattutto se essi sono, sul lavoro, i nostri superiori!

A volte, però, il terzo incomodo nella vita a due non è il capo ma una setta, come nel caso di Ljuba e Sergio, una coppia di quarantenni. E allora la situazione diventa decisamente più complicata. Ljuba è originaria della Russia, mentre Sergio è ticinese. Entrambi sposati, incontrandosi hanno avuto un reciproco colpo di fulmine che li ha portati a lasciare le rispettive famiglie. Il loro amore è proseguito serenamente per due anni, fino alla nascita di un figlio che, secondo Sergio, è stato la vera causa del loro disaccordo attuale. Ljuba sostiene invece che il conflitto sia nato quando il marito è stato cooptato in una setta religiosa. Lui, infatti, era amministratore di una ditta in seguito fallita, esperienza che ha vissuto come uno scacco personale. Dopo un periodo di disoccupazione è entrato a far parte della setta, che gli ha anche offerto un lavoro. Per Ljuba il marito è come plagiato, mentre lui afferma che deve fare di tutto per dimostrare al mondo di non essere un fallito. Lei sembra avere un atteggiamento coerente quando dice di essere passata dall'infatuazione per Sergio a un grande amore per la famiglia e la maternità. Secondo Ljuba, però, la setta è divenuta per il marito, che ha vissuto il fallimento professionale come una castrazione simbolica, pari alla peggiore delle amanti. Infatti, lui ora non fa che parlare in modo esaltato dei vari guru della setta, e trascorre lì tutto il suo tempo libero. Sergio, deluso da una moglie che, dedicandosi completamente al figlio ancora piccolo, non l'ha abbastanza «coccolato» in un difficile momento della sua vita, ha trovato nella setta una nuova famiglia. L'esito del conflitto è incerto, perché Sergio non riesce a riconoscere i suoi bisogni affettivi inconsci, che cerca di soddisfare al di fuori del matrimonio. Se continuerà così, l'amore di coppia se ne andrà probabilmente «in fumo». Soprattutto se la setta continuerà ad assecondare le tendenze caratteriali di Sergio.

Come Sergio, anche Beppe, 38 anni, sta vivendo una grave crisi coniugale. Da quando, un anno fa, è nato suo figlio, si sente «messo da parte»: come se il suo ruolo di marito e di capofamiglia fosse diventato marginale. Un angoscioso sentimento di esclusione che lo rende permaloso e altezzoso, facendolo oscillare tra atteggiamenti di diffidenza e d'intimidazione, sia con la moglie sia, successivamente, con il terapeuta.

Beppe e la moglie Anna vivono in una vecchia e grande casa che hanno comperato indebitandosi fino al collo e che lui continua a ristrutturare e riparare a poco a poco, facendone una visibile metafora della sua vita. È tirannico e dominante, anche nell'intimità. Soffre di crisi di gelosia verso il bambino, che secondo lui gli «porta via» la moglie. Inoltre mal sopporta che Anna possa avere desideri sessuali nei suoi confronti. Invece di interpretarli come un segno di attrazione, infatti, li vive come un ordine che è obbligato a soddisfare. Questo atteggiamento è la conseguenza di una proiezione della sua situazione familiare di origine, in cui il padre, un personaggio pubblico importante, e quindi costretto a dare di sé un'immagine ideale, sfogava nel privato la propria aggressività, sia con la moglie sia con il figlio.

Anche Anna ha avuto poco spazio vitale in famiglia, al punto che, per trovare il suo equilibrio, è dovuta andarsene bruscamente di casa. Purtroppo, come spesso succede in questi casi, è caduta dalla padella nella brace, finendo con un paranoico diffidente e pericoloso, che minaccia di ucciderla non appena lei cerca di conquistare un minimo di autonomia. Chi ha visto il film *A letto con il nemico*[9] ha bene in mente il tipico comportamento punitivo di chi non tollera che il partner non rimanga meticolosamente al suo posto: Julia Roberts è una donna in fuga da un marito violento, che non solo la picchia, ma la obbliga anche a tenere gli oggetti della cucina e gli asciugamani del bagno in un ordine meticoloso, a costo di massacrarla di botte.

Senza arrivare a questi eccessi, ora anche Anna, più vittima che complice, si sente di nuovo in pericolo come nella famiglia d'origine. L'insonnia è il campanello d'allarme della sua fortissima angoscia, il disturbo che le permette di chiedere un aiuto medico e psicologico. Ma la sua vera richiesta è quella di ottenere una maggiore autonomia e di proteggersi dal marito. Beppe, invece, che vuole mantenere tutto sotto controllo, accetta di fare una terapia di coppia solo per poter verificare i cambiamenti della moglie. Quando il terapeuta durante la seduta, dopo averlo lasciato parlare, domanda il parere di Anna, lui si alza di scatto: vuole andarsene perché ha l'impressione di non essere ascoltato. Per fortuna lo psicologo coglie immediatamente il sentimento di esclusione che egli ha sperimentato da ragazzo e che rivive durante la seduta. Un simile atteggiamento ha il potere magico di calmare Beppe, che adesso chiede addirittura di continuare la terapia con questo «bravo» psicologo.

Come aiutarli? Malgrado le apparenze, la terapia di coppia sarebbe un contesto nocivo in cui lei correrebbe il rischio di essere manipolata da lui. In questi casi è meglio creare condizioni giuridiche o terapeutiche che permettano ad Anna di definire i suoi diritti di autonomia, salvo ridefinire ulteriormente (ma improbabilmente) un rapporto interattivo con quest'uomo. Anche se lui l'ha tenuta in pugno con la violenza e l'intimidazione, infatti, lei sembra ora determinata a salvarsi la vita.

Paranoici sensitivi

Sono meno aggressivi, ma altrettanto difficili: Kretschmer[10] li ha chiamati «personalità sensitive». Hanno sempre la sensazione di essere spiati e minacciati, ma anziché reagire assalendo gli altri, si intristiscono, si sentono deboli e insicuri. Talvolta, come il multimiliardario Howard Hughes che, terrorizzato dai microbi, non toccava più nulla con le mani, si rinchiudono in un loro mondo un po' folle.

Per esempio, Silvia, 35 anni, è un'eccellente segretaria,

ma vivere accanto a lei è veramente complicato. Lavora da sette anni presso un mio amico commercialista, ma non ha mai voluto dargli il suo indirizzo e telefono di casa, neanche per le urgenze. Vive da sola e ha una persistente, irrazionale paura di essere aggredita, anche se non ha mai ricevuto minacce o molestie. Forse pensava che il suo capo le chiedesse l'indirizzo per farle la corte, ma è rimasta delusa quando si è accorta che lui, pur essendo single, non se lo sognava neppure!

In ufficio Silvia non è neanche in grado di lavorare insieme ad altre persone, dato che quando commette uno sbaglio accusa assistenti e collaboratori di aver nascosto i documenti. Se è incoraggiata dal suo capo, lavora bene e in modo frenetico, ma non riesce a reggere l'atmosfera positiva per più di qualche giorno e deve quindi trovare rapidamente un motivo per sentirsi perseguitata. Quando l'ha trovato, prima si inalbera, poi si deprime, preoccupata dall'idea di venire licenziata. Ha persino scritto maldestre lettere di protesta, che rischiano di provocare proprio ciò che teme, e cioè il licenziamento.

Paranoici sospettosi

Sono quelli che passano dalla sindrome della persecuzione a quella del complotto. E, purtroppo, sono molto numerosi negli ambienti di lavoro!

Carlo, 33 anni, è un bravo esperto di computer ed è molto apprezzato nella società di informatica in cui è stato assunto. Però, a causa del suo pessimo carattere, ha creato il vuoto intorno a sé. Vede un significato nascosto dietro gli eventi più banali: se un collega gli fa un complimento, si chiede che cosa ci sia sotto; se qualcuno va al bar senza invitarlo, si immagina pettegolezzi maligni nei suoi confronti; dietro una battuta spiritosa, vede giochi di potere dai quali lui è tagliato fuori. È affetto da «dietrologia» e, così facendo, si ritrova sempre più solo.

Le paranoie al limite della persecuzione sono anche il problema di Tommaso. Ha 55 anni ed è sposato con una bella donna molto autoritaria. Durante un viaggio di lavoro ha avuto un'avventura, e da allora vive nel panico. È convinto che la moglie lo sorvegli, che abbia fatto analizzare la sua biancheria in cerca di macchie sospette e che chiederà il divorzio. I suoi sensi di colpa sono spropositati e lo portano a convincersi che, in un modo o nell'altro, dovrà essere punito per quello che ha fatto. Si sente controllato, dice che l'occhio di Mosca lo sorveglia, come quando è scappato dall'Ungheria, sua patria natale, dopo l'invasione da parte dell'Unione Sovietica. Invece di essere gentile con la moglie, assume un atteggiamento distaccato e difensivo, convinto (a torto) che lei aspetti il momento giusto per vendicarsi. Poiché dipende finanziariamente dalla consorte, teme che lei chieda il divorzio. Inoltre «perseguita» tutti gli amici medici per sapere se questa avventura è stata uno sbaglio e se ci sono rischi reali di aver contratto l'Aids.

Paranoici in amore: i gelosi

Una terza tipologia di piccoli paranoici concentra le proprie ossessioni in ambito sessuale, provando sentimenti di gelosia sproporzionati, che rendono la vita impossibile al partner. Vediamo ora sotto quali diversi aspetti si può presentare questo atteggiamento paranoico.

GELOSIA CURABILE

Dice Paolo, 35 anni, durante una seduta di psicoterapia: «Sono sempre stato diffidente e già a scuola pensavo che i miei compagni di classe mi prendessero in giro. Ma soprattutto la mia vita sentimentale è sempre stata un inferno. Appena ho l'impressione di piacere a una ragazza, mi metto in mente che è interessata solo al mio denaro. E poi, sono geloso. Basta che lei guardi un uomo per convincermi che si conoscono, che hanno già avuto una storia insieme, e che magari sono ancora amanti. Di fronte a questi dubbi tormentosi e infondati, le donne finiscono per lasciarmi, e io ne traggo la conclusione che non mi amavano veramente».

Paolo ha avuto bisogno di una lunga psicoterapia, tuttora in corso, per arrivare a esprimersi con tanta lucidità e autocritica. Sa che il suo problema è la gelosia, e sta «lavorando» su questo punto debole che ostacola la sua felicità sentimentale. Forse anche il borioso e ricco fidanzato di Rose - Kate Winslet, nel film evento di questi ultimi anni, *Titanic*,[11] avrebbe potuto «lavorare» sulla propria gelosia ed essere meno possessivo e tiranno. In questo modo lei non avrebbe mai cercato di sottrarsi al giogo dell'imminente matrimonio e non avrebbe mai notato il sorriso di Jack - Leonardo DiCaprio... E noi avremmo perso una grande storia d'amore.

Intendiamoci: c'è anche, fra innamorati, una gelosia benigna, naturale. Ne esiste poi una strategica, usata cioè per ravvivare una fiamma che si sta noiosamente spegnendo. E un'altra tutta maschile, che certe donne considerano un pregio, un vezzo quasi in estinzione, come portare fiori o ricordarsi dell'anniversario. Un attributo, insomma, dell'uomo virile, un atteggiamento possessivo che molte compagne di uomini aperti e poco sospettosi rimpiangono con un sospiro.

Ci sono casi, però, in cui la gelosia rasenta la paranoia: diviene cioè un sentimento negativo, soffocante, che porta a essere ipercritici verso gli altri ma incapaci di autocritica.

GELOSIA RANCOROSA

Emilia ha 31 anni. È sposata da nove e ha due bambini. Il marito, Gianni, la accusa di essere poco moglie e troppo mamma: in realtà, questo è un modo per giustificare la propria infedeltà. Infatti lui è un Casanova da sempre. Il matrimonio gli ha dato stabilità, lo ha aiutato a riuscire nel lavoro ma non gli ha insegnato a comunicare. La famiglia è il suo punto di riferimento, un ancoraggio essenziale, che gli permette vagabondaggi sessuali altrove. Per Gianni, infatti, il vero appeal erotico è costituito dai meccanismi di seduzione e dalla trasgressione: oltre alle classiche avventure da ufficio, quindi, ogni tanto va in cerca di travestiti.

Emilia è piena di rancore: si sente non solo tradita, ma anche defraudata, perché ha l'impressione di avere un marito «a mezzo servizio». Ma Gianni è sempre stato così, inaffidabile e traditore. Inoltre lei, bella e attraente all'inizio del matrimonio, ora è completamente assorbita dal ruolo di madre, non si cura più della linea e ha un aspetto trasandato.

Sia l'immaturità di Gianni sia la sprovvedutezza di Emilia, che ha sposato un'illusione, sono dannosi in un rapporto di coppia. Inoltre, i due vanno avanti fra scenate e riconciliazioni, e dopo tre sedute non si sono fatti più vedere: ho l'impressione che non riescano ad avviare un progetto serio di cambiamento.

In questo breve periodo, comunque, mi ha colpito l'intensa gelosia rancorosa di Emilia. Gelosia giustificata dai fatti, ma che non aiuta né lui a cambiare, né lei a essere più serena. Gianni non riesce a staccarsi dalla moglie perché ne ha bisogno come una nave ha bisogno del porto, ma al tempo stesso non vede l'ora di riprendere il largo. Lei, invece, che era stata ingannata dal fidanzato precedente, poi rivelatosi gay, non sopporta l'ambiguità, è diffidente e, soprattutto, vorrebbe un rapporto esclusivo. Anziché abbandonarsi ciecamente alla propria gelosia dovrebbe interrogarsi sulla ragione per cui, dopo un fidanzato omosessuale, si è trovata un marito che ama i travestiti.

GELOSIA POSSESSIVA E TOSSICA

È la gelosia che tortura il professor Humbert Humbert, l'uomo maturo invaghitosi di Lolita. Quella che ha fatto scrivere a Proust, in *Alla ricerca del tempo perduto*, pagine mirabili sul terrore di perdere Albertine. Quella che si trasforma in una trappola: inizia quasi per gioco, come per il protagonista del romanzo *La chiave*,[12] che vuole che la moglie lo faccia ingelosire con il giovane fidanzato della figlia. Un gioco pericoloso, che si rivelerà fatale.

Del resto la gelosia possessiva, ossessionante, che impedisce al partner di vivere, è un tema che percorre tutta l'opera lirica, dove i moti spesso violenti dell'anima gelosa e vendicativa risultano istigatori di crudeltà anche sanguinarie. Nella lirica traspare peraltro un contenuto morale, che fa sì che tali impulsi vengano giustificati o puniti.

Sono, queste, esagerazioni che si vivono solo sul palcoscenico? Non proprio, visto che i giornali riportano in continuazione casi di cronaca nera segnati dal dramma della gelosia. Di cui sono protagonisti fidanzati ossessivi o ex mariti rifiutati, che a volte, purtroppo, pur di non perdere la persona amata, arrivano anche a uccidere. «Se non ti posso avere io, allora non ti avrà nessuno», sembra essere il sentimento che li anima. Ma senza arrivare a simili eccessi, solo pochi mesi fa una signora mi ha confessato: «Mio marito è diventato di una gelosia tale che mi fa paura. Mi ha regalato un telefonino dicendomi che è più comodo. In realtà vuole solo controllarmi in ogni momento; pretende di accompagnarmi dappertutto, mi viene a prendere persino dal parrucchiere. Ora mi tormenta cercando di convincermi che dovrei smettere di lavorare o perlomeno chiedere il part time. Io rabbrividisco alla sola idea: mi sento già prigioniera in casa».

GELOSIA DA INSICUREZZA

Infine, la gelosia può essere l'espressione di un fragile mondo che crolla e che porta la vittima ai limiti della follia. È il caso di Patrizia e Antonio. Lei, 35 anni, è una musicista; lui, 37, uno storico dell'arte. Sono una coppia di artisti, gentili e sensibili, che mi raccontano come una delle loro passioni sia quella di raccogliere le foglie di erbe rare per farsi delle tisane. Antonio conosce a un congresso un'altra donna, più matura, che lo seduce in maniera esplicita. Lui, che con Patrizia pensa di aver raggiunto una trasparenza totale nel rapporto di coppia e la considera la sua confidente, le racconta tutto. La moglie non si mostra però per nulla tollerante, come lui aveva ingenuamente creduto.

In realtà, Patrizia è molto più fragile del marito, dal quale ha continuamente bisogno di essere protetta, dato che non si «regge in piedi» da sola. Antonio, sotto la pressione della moglie, lascia l'altra donna, ma è irritabile e si comporta in maniera opposta a quel che lei vorrebbe. Per ora lui non se ne va, perché la sua storia familiare lo ha obbligato ad avere un ruolo protettivo, che mantiene con la moglie. Da ragazzo si è dovuto occupare della madre malata di cancro, e poi, quando lei è morta, dei fratelli più piccoli. Anche per Patrizia la famiglia è stata un peso soffocante. I genitori erano entrambi alcolizzati. Ha una sorella gemella, anche lei violinista, con cui ha un rapporto tormentato. Un esempio: la madre ha lasciato loro un violino prezioso e Patrizia lo ha ceduto alla sorella, non per amore ma perché consumata dai sensi di colpa nei suoi confronti.

All'inizio l'evoluzione della coppia è stata parallela: veniva soddisfatto sia il bisogno di lui di proteggere, sia il bisogno di lei di essere protetta. Ma, come spesso avviene, il cambiamento successivo è stato asimmetrico: Antonio, stimolato da un evento esterno (una nuova donna), ha dimostrato di saper andare avanti e abbandonare il vecchio ruolo di protettore dei deboli. Così facendo, però, distrugge l'equilibrio di Patrizia, che purtroppo ha e avrà sempre bisogno di protezione. Venendole a mancare la fiducia di base in se stessa e nelle proprie possibilità, che non ha ricevuto dai genitori e che ha ricercato continuamente nel marito, si è fatta prendere dal panico di fronte a un banale tradimento, e ora rischia di perdere la testa. Incomincia infatti a immaginare che l'altra donna sia stata mandata dal diavolo per perseguitarla perché da piccola non è stata abbastanza affettuosa con la madre distrutta dall'alcol. Ed è così che usciamo da un normale conflitto coniugale per entrare nel pericoloso mondo della mania di persecuzione.

Siamo tutti paranoici?

La risposta è «no» da un punto di vista strettamente psichiatrico, «sì» se pensiamo a quanto proiettiamo sugli altri le nostre difficoltà: è un'abitudine quotidiana e costante. Durante la psicoterapia di certi pazienti depressi, che prediligono l'autoaccusa e l'introiezione di responsabilità e relativi sensi di colpa, è buon segno quando essi cominciano a diventare aggressivi verso l'esterno e a trovare eventuali persecutori. È tutta una questione di giusto dosaggio tra proiezione e introiezione, tra una sana autocritica e una sana aggressività verso chi ci disturba e aggredisce. A volte le piccole manie possono diventare persino oggetto di un divertente sarcasmo. Lo dimostra Nanni Moretti, che nel suo ultimo film *Aprile*[13] rivela una sua personalissima paranoia: l'avere scritto, nel corso degli anni, decine e decine di lettere di protesta a capi di governo, segretari di partito, uomini politici... Lettere affrancate e mai spedite di cui decide di liberarsi una volta per tutte, leggendole a voce alta a Hyde Park's Corner (l'angolo del parco di Londra dove ognuno può salire su una sedia e dire quel che pensa) davanti a un gruppetto di impassibili inglesi.

A volte bastano eventi esterni ad accrescere la nostra diffidenza. La stanchezza quando guidiamo in autostrada, o il fatto di viaggiare in un paese straniero senza conoscere la lingua, può renderci più cauti e prudenti, e questo è meglio che essere troppo fiduciosi. Anche in certe situazioni pubbliche un po' di paranoia non nuoce. Io, per esempio, sono allergico alle assemblee condominiali, ai consigli d'amministrazione e a tutte quelle riunioni dove si discutono, attraverso precisi regolamenti, le basi della convivenza civile. In questi casi preferisco ricorrere a consulenti: avvocati, amministratori, notai. Il fatto è che spesso, in queste riunioni interminabili, individui diffidenti sollevano obiezioni e cavillano su questioni a cui nessuno aveva pensato, sicché concludere diventa impossibile. Oppure colgono l'occasione per dar sfogo a rancori e a sentimenti di rivalsa.

Non sempre però questi «paranoici da riunione» provocano danni. In certe assemblee di condominio, o in discussioni con l'amministrazione dell'ospedale in cui lavoravo, l'ostinazione del solito vicino di casa o del collega, suffragata da una minuziosa documentazione, è stata in grado di inchiodare un proprietario che cercava di fare il furbo o un sindacato che difendeva più la propria sopravvivenza che non l'interesse del personale.

Lo psichiatra Claude Olievenstein[14] afferma che un po' di paranoia si nasconde in ciascuno di noi e che può anche esserci utile. Stalin[15] pensava che tutti i medici volessero ucciderlo, e ciò gli ha fornito il pretesto per ordinare grandi purghe «sanitarie», facendone deportare e uccidere a migliaia. Quando poi il maresciallo Tuchačevskij affermò la necessità di organizzare divisioni blindate in grado di muoversi rapidamente, Stalin vi vide la conferma del fatto che si stava preparando un colpo di stato. Iniziò allora un vero e proprio eccidio di ufficiali. Tale diffidenza ai limiti della paranoia gli ha permesso di essere un dittatore longevo. Un po' come gli imperatori romani, che, terrorizzati dall'idea di essere avvelenati, avevano sempre al loro fianco gli assaggiatori.

Non dimentichiamoci, però, lo scenario delle false paranoie, indotte dalla mescolanza sempre maggiore di razze e culture, il che aumenta il rischio di interpretazioni errate. Noi siamo abituati a decifrare la voce, i gesti, il comportamento di chi ci è vicino in base a certi codici culturali, che tuttavia sono già diversi da Trento a Palermo. Immaginiamoci dunque l'enorme differenza che esiste tra le stesse parole pronunciate da un italiano, da uno svedese o da un arabo! Eppure, a mano a mano che il «melting pot», il mix di etnie, avanza, dovremo sempre più abituarci a cercare di non dare un'interpretazione errata agli atteggiamenti di certe persone, che non sono paranoiche ma più semplicemente appartengono solo a un'altra cultura.

La paranoia può essere utile?

Domanda più che legittima. Abbiamo già detto come nella terapia dei depressi un po' di paranoia sia il segno premonitore di un cambiamento dell'umore. Ma anche nella vita pubblica e privata l'esistenza di un persecutore è necessaria a determinare alleanze politiche o amori immortali. Penso per esempio a Silvio Berlusconi, che ho conosciuto durante la mia breve esperienza politica e che mi ha sorpreso per la sua continua ricerca del «nemico comunista», forse perché era convinto che ciò portasse un maggior numero di voti rispetto a una strategia elettorale più complessa e articolata.

Analogamente, amori romantici e immortali come quello di Romeo e Giulietta hanno sempre avuto bisogno di grandi ostacoli, se non di grandi nemici. In altri termini, il ruolo del persecutore può essere molto utile, anche se questo tipo di alleanza affettiva contro il nemico comune si rivela molto più fragile di quanto appaia. Nel suo ultimo libro, Robert Neuburger[16] sostiene che ogni coppia, per esistere e, soprattutto, per durare, ha bisogno di un «mito fondatore». Una sorta di leggenda che racconti e spieghi l'ineluttabilità magica dell'incontro. Attraverso varie formule, come per esempio «era destino», «tu mi hai salvato», «sei la metà della mela», oppure attraverso l'alleanza contro un nemico comune. Quest'ultimo mito fondatore è quello che ci interessa e ci spiega perché le suocere ipercritiche e invadenti siano così necessarie alla sopravvivenza di certe coppie. Il pericolo, in questi matrimoni, sarà rappresentato proprio dalla perdita del persecutore.

Strategie di cambiamento

Cercare di capire il grado di pericolosità del comportamento vendicativo permette già di identificare il tipo di paranoia con cui abbiamo a che fare. Come si è già affermato, si può andare da casi gravi di mania di persecuzione e di violenza fino a forme caratteriali più leggere, fastidiose ma inoffensive. Secondo il professor Gian Carlo Nivoli, psichiatra e criminologo di Sassari che ha lavorato all'istituto Pinel di Montréal, si può fare una predizione della rappresaglia violenta tenendo conto di alcuni elementi.

a) Approccio esistenziale: come il soggetto vede il mondo (in modo ostile, fanatico, ecc.).

b) Modo espressivo del comportamento aggressivo: un taglialegna con la scure in mano sarà diverso dall'avvocato che pronuncia un'arringa.

c) Livello di avanzamento del progetto: situazione passionale o premeditazione?

d) Tipo di aggressività: cieca e globale, oppure settoriale?

e) Esistenza di fattori scatenanti (per esempio alcol, sesso o umiliazione subita).

f) Esistenza di episodi pregressi di violenza.

g) Esistenza nel corso dell'infanzia di momenti di violenza subita.

h) Presenza di fantasie aggressive e di una loro eventuale gestione verbale.

Questa griglia di lettura della personalità violenta può applicarsi alla valutazione della paranoia.

Per vivere meglio

Avete la sfortuna di trovarvi accanto un partner o un collega paranoico? Bene, non diteglielo. Vi considererebbe il suo peggior nemico. Non bisogna ferirlo. E soprattutto non bisogna controbattere ai suoi ragionamenti un po' folli: ne troverebbe altri, ancora più intricati. Seguite invece questo decalogo.

1. *Fare la tartaruga*, ritirarsi nel guscio e aspettare che la tempesta passi. È importante non personalizzare l'evento e cercare di capire che chi è suscettibile lo è con tutti, anche se nel caso specifico siamo noi i capri espiatori.

2. *Girare alla larga*, se possibile, o ridurre al minimo il rapporto con queste personalità altezzose, che si relazionano con gli altri solo attraverso un rapporto di forza che

soddisfa il loro sadismo e rancore per ingiustizie vere o presunte subite nel passato.

3. *Non muovere critiche generiche*, ma il più possibile circostanziate, accompagnate, quando è il caso, da qualche giudizio positivo.

4. *Evitare doppi sensi o uno stile umoristico*, che potrebbe essere interpretato come sarcasmo.

5. *Appigliarsi ai regolamenti*, infatti tutti i paranoici, grandi e piccoli, sono affascinati dalle procedure.

6. *Fare riferimento al comportamento e non alla persona*, nel caso si intenda muovere una critica. In altre parole, non personalizzate troppo: ci pensa già il paranoico a farlo per voi.

7. *Mantenere una giusta distanza*, né troppo né troppo poco. Mi ricordo un collega medico molto «interpretativo», col quale dovevo (purtroppo) condividere i fondi destinati a una ricerca. Se gli telefonavo troppo spesso, pensava che non fossi spontaneo, bensì interessato; ma se non telefonavo, sospettava subito che tramassi alle sue spalle.

8. *Non discutere di argomenti «caldi»*, né di politica, né di razzismo, né di calcio!

9. *Essere autenticamente se stessi*, perché il paranoico è un sensitivo, attentissimo a ogni forma di artificio. La sincerità può rassicurarlo e calmarlo.

10. *Evitare di diventare a propria volta paranoici*. A volte si reagisce a un'offesa con un'altra offesa, e allora le rappresaglie continuano fino a che non si dimentica la causa iniziale. Non scordiamo mai le componenti di paranoia che ci sono in ciascuno di noi e che ci spingono a vedere la pagliuzza nell'occhio altrui prima della trave nel nostro.

III

I cattivi

Medea, Messalina, Salomè, ma anche Natalia Aspesi e Margaret Thatcher; Caino, Giuda, Erode, Caligola, Lucifero, ma anche Giuliano Ferrara, Giorgio Forattini, Vittorio Sgarbi, Mike Tyson: vecchi e nuovi personaggi che mi hanno accompagnato in questo viaggio nel variegato mondo della cattiveria. Nel libro *Volersi bene, volersi male*[1] affermavo che proprio questa parola, «cattiveria», non ha lo stesso significato per tutti. Alcuni la considerano una forza (il vero leader è un duro), altri un'arcaica debolezza (il cattivo è l'erede naturale dell'uomo delle caverne). Insomma, il concetto di cattiveria è relativo. Un esempio? Saddam Hussein, che da quasi tutti gli occidentali è considerato un malvagio, da una parte del mondo islamico viene ritenuto un eroe. Vi sono cattivi *veri* (coloro che trovano una certa soddisfazione nel volere il male altrui), cattivi *per caso* (come l'automobilista violento quando beve) e cattivi *per forza* (come le due protagoniste del famosissimo film *Thelma e Louise*,[2] che si vendicano delle violenze subite).

La cattiveria ha, comunque, un fascino ambiguo. Pensiamo a tutte le *dark ladies* della storia e, più recentemente, quelle della finzione cinematografica: dalla Crudelia De Mon che ha spaventato migliaia di bambini nella *Carica dei 101*[3] alla bionda, algida e conturbante Sharon Stone che li ha ammaliati, adulti, in *Basic Instinct*.[4]

Anche i modi attraverso i quali la cattiveria si esprime sono numerosissimi: infatti è possibile peccare in pensieri (fantasie sadiche), parole (maldicenze), opere (dispetti e violenze) e omissioni (silenzi aggressivi). Quel che è certo è che si compiono atti di crudeltà continuamente e ovunque: tra le lenzuola, in ufficio, in macchina, in ospedale o nella vita politica. È tuttavia importante operare una distinzione tra la cattiveria «buona» (che va identificata con la combattività e con la grinta) e la cattiveria vera e propria. Quest'ultima si presenta sotto diversi aspetti. E per aiutarvi a smascherare i cattivi, che è poi il miglior modo per cominciare a difendersi da loro, ecco un esauriente campionario.

I provocatori

In politica ci sono i provocatori autentici, pronti a creare disordini, e altri che li fomentano ad arte, affinché il partito dell'ordine possa poi intervenire in maniera autoritaria e legittima. Ci sono poi anche i provocatori «esibizionisti», che attraversano nudi lo stadio o il campo di tennis a Wimbledon, che lanciano uova contro le signore in pelliccia alla prima della Scala, che si incatenano in piazza per protestare contro un'ingiustizia.

E infine ci sono i provocatori «naturali», che sono così non per calcolo ma per carattere, e che per sentirsi vivi non possono fare a meno di comportarsi in un certo modo.

Se è uno «shock» positivo

La provocazione positiva non è automatica, ma volontaria e strategica. Può servire a risolvere alcune difficili situazioni riguardanti sia la sfera privata sia quella pubblica. Modificare un negoziato, sia esso coniugale o commerciale, attraverso un evento nuovo e stimolante, può rimettere in circolazione delle energie particolarmente bloccate. L'effetto sorpresa può colpire o sbilanciare, ma in ogni caso tende a introdurre un cambiamento. L'effetto positivo della provocazione come scelta strategica si applica in vari campi della vita. Ecco alcuni esempi.

a) Negli interrogatori di polizia si possono creare appositamente situazioni di forte tensione emotiva allo scopo di indurre a confessare, nel rispetto, è ovvio, dei limiti imposti dal codice penale. Lo stesso vale per i procedimenti giudiziari. Pensate a tutti quei legal thriller in cui l'eroe del film, in genere il difensore di una vittima ingiustamente accusata, riesce a confondere il «cattivo» procuratore mediante una provocazione emotiva che, in un certo senso, scompiglia le carte dell'avversario.

b) La provocazione aggressiva fa anche parte di una corretta strategia politica. Un valente diplomatico deve saper utilizzare al tempo stesso il bastone e la carota, essere seducente o aggressivo a seconda delle occasioni, al fine di difendere gli interessi del suo paese.

c) Anche un buon venditore dovrà essere, se non scioccante, perlomeno sorprendente. I limiti da non superare sono però difficili da individuare, specialmente nel mondo della pubblicità. Fino a che punto si può essere provocatori per riuscire a vendere un prodotto? Lo sa bene Oliviero Toscani, fotografo brillante e trasgressivo, duramente contestato per le sue campagne shock, con in primo piano, per esempio, set di preservativi colorati o scene di morte. Ma la provocazione è la norma anche per le sfilate di moda o le copertine dei settimanali, dove il nudo viene mescolato a effetti speciali. Certo, per farsi notare, per far parlare di sé, per far sentire la propria voce nell'oceano quotidiano dell'informazione, bisogna spesso esagerare. Ma, come ha affermato il molto amato don Zega, ex direttore «rivoluzionario» di «Famiglia Cristiana», «dire cose antiche con parole nuove può già essere considerata una provocazione».[5]

d) Anche nel caso della seduzione, la provocazione, se unita al buon gusto e all'effetto sorpresa, può avere un effetto potente. Ci sono, tuttavia, persone abitudinarie che vivono la provocazione come un pericolo per il loro erotismo: in genere, però, le coppie sono annoiate dalla ripetizione, che rende il quotidiano una routine. Si accetta allora da parte del partner una certa dose di novità che possa indurre un'eccitante paura. E quindi variare le abitudini erotiche, cambiare il modo di vestirsi o il proprio look può diventare una sana e sorprendente provocazione.

e) Nella psicoterapia la provocazione può costituire una strategia efficace. Un tempo, nei conflitti di coppia i desideri anormali o impulsivi di uno dei coniugi erano considerati motivo di crisi della relazione coniugale. Oggi, però, il sovraccarico di stress in ambito professionale e l'abitudinarietà ripetitiva in quello sessuale causano la perdita di attrazione reciproca tra i partner, spingendoli alla consultazione per mancanza di desiderio. È stata pertanto elaborata una strategia terapeutica chiamata «sismologia», che consiste nel provocare un terremoto nell'equilibrio della coppia al fine di rompere gli schemi che la stanno soffocando. Alcune persone ottengono lo stesso effetto inviando a se stessi lettere anonime o fiori per ingelosire un coniuge troppo tranquillo e pantofolaio.

Se è una «droga» negativa

La provocazione diventa negativa quando non è una strategia finalizzata all'ottenimento di un vantaggio, ma una specie di virus o di droga che tiene in pugno l'individuo. Ci sono persone infatti che hanno bisogno, per sentirsi vive, di una forte tensione emotiva. Un mio amico, giocatore di tennis, quando si trovava in svantaggio cercava in tutti i modi di provocare e di irritare l'avversario, perché solo in uno scontro diretto riusciva a ritrovare la rabbia e la grinta necessarie a continuare. E ci sono anche persone che, per fare l'amore, hanno bisogno di litigare con il partner: questo serve loro per creare tensione erotica nel rapporto che altrimenti sarebbe troppo intriso di tenerezza, considerata poco stimolante. E se trasformare il talamo in un'arena può essere pericoloso, per soggetti del genere è senz'altro la cosa più eccitante.

Il provocatore maligno spesso diventa un leader negativo: e allora soffre della «sindrome di Lucifero». Le persone che ne sono afflitte devono sentirsi sempre sotto i riflettori, non nel bene però, ma nel male. Come Lucifero, appunto: meglio primi in inferno, insomma, piuttosto che secondi in paradiso. Questi «bastian contrari» hanno spesso un effetto distruttivo sull'atmosfera di gruppo, irradiando tensione e nervosismo.

I collerici

Un automobilista gli ha tagliato la strada e Michele ha risposto con una manovra spericolata, che ha rischiato di causare un incidente. Il collerico, se non è provocato, non è malvagio, ma quando si trova sotto pressione non riesce a controllarsi e supera rapidamente i limiti della convivenza civile.

Lo sa bene chi ha avuto la sfortuna di incontrarne uno. È capitato, per esempio, a una ragazza che mi ha scritto: «Il mio fidanzato, Luigi, da due anni è molto cambiato. È sempre stato un ragazzo timido e riservato, un po' maldestro. Ma da quando ha cominciato a lavorare è insopportabile. Ingrandisce in modo spropositato ogni difficoltà; ha spesso delle crisi di nervi in cui grida, bestemmia, gesticola. Tanto che mi spaventa. Se cerco di ridimensionare i suoi problemi, mi insulta. Non gli perdono questo suo atteggiamento doppio: agli occhi degli altri è un pulcino, tutto casa lavoro e fidanzata, ma con me diventa un lupo. Possibile che un ragazzo tenero e riservato si sia trasformato in un egoista arrogante?». Io credo che Luigi fosse, all'inizio, gentile non di natura, ma perché complessato e insicuro; il fatto di aver acquistato una maggior autostima l'ha reso perciò arrogante e preoccupato solo di se stesso e dei suoi problemi. Questa ragazza farà bene a «risceglierlo» per quello che è, non solo per quello che potrebbe diventare: insomma dovrebbe capire se è disposta lo stesso a stare con lui, senza cercare di cambiarlo, dato che non sempre persone di questo genere riescono poi a evolvere in maniera positiva.

Abbiamo visto, quindi, due tipi di collerici: Michele è un «congiunturale», cioè in situazioni non a rischio si comporta correttamente, mentre Luigi sembra essere un collerico caratteriale e prepotente. Per lui le opinioni degli altri non contano: soltanto i suoi bisogni debbono essere soddisfatti, e il più rapidamente possibile. È un vero «handicappato relazionale».

A volte questo atteggiamento collerico «rompe gli argini» anche nelle sedute terapeutiche, rendendole aleatorie. Pippo, 28 anni, mi consulta a causa di difficoltà sessuali. Vive in uno stato di continua tensione, che cerca di calmare fumando molti spinelli. Inoltre guida (sia l'auto sia la moto) in modo spericolato, e pratica in maniera compulsiva la masturbazione. La sua prima esperienza sessuale è avvenuta a sedici anni, ed è stata segnata da una grande paura di non farcela e di possedere un pene troppo piccolo. Di fronte a un commento della sua ragazza si è sentito sarcasticamente giudicato, le ha dato uno schiaffo e se n'è andato.

Il suo adattamento alla vita è relativamente difficile. Mentre tutti i suoi fratelli e sorelle sono riusciti a laurearsi, lui è stato come marchiato dalla sua impulsività; prima negli studi, poi nei rapporti professionali e, infine, con le donne. Brillante e indisciplinato, ha cambiato cinque volte tipo di scuola ed è stato spesso bocciato. Da un anno, ormai, si è convinto che la masturbazione sia una pulsione sana, che gli evita di condividere emozioni con una donna. È riuscito a farsi esentare dal servizio militare dopo aver insultato il responsabile del distretto, il che gli ha fatto rischiare anche la prigione. Con me sta facendo più o meno la stessa cosa: alla seconda consultazione, dato che non avevo la sua scheda sottomano, si è arrabbiato, dicendo di sentirsi poco considerato, anche se io gli ho dimostrato di ricordarmi perfettamente di lui. Ma evidentemente non gli è bastato e, dopo aver osservato che sarebbe stato inutile continuare in quelle condizioni, si è alzato per andarsene.

Qual è il problema profondo di queste personalità colleriche, che rendono la vita difficile agli altri e soprattutto finiscono per sabotare la propria? Secondo l'ipotesi freudiana, sono rimaste fissate al primo stadio anale, in cui l'impulsività domina sulla capacità di controllo. In individui del genere, il bisogno infantile di espellere le proprie feci senza controllo né padronanza è diventato un ulteriore tratto del loro carattere collerico e impulsivo.

Altri collerici, invece, sono impulsivi perché non sono in grado di tollerare la frustrazione. Secondo la tesi del libro *Le rabbie croniche*,[6] nei primi rapporti affettivi con gli altri questi individui hanno sperimentato perlopiù amarezza, rabbia e odio. Alcuni rimuovono questi sentimenti, per esprimerli più tardi attraverso comportamenti o sintomi psicosomatici. Nei collerici, invece, sono come «a fior di pelle»: perciò esplodono non appena si trovano in una situazione frustrante.

Come succede a Giuseppe, che sente il sangue salirgli alla testa quando deve fare la coda in posta o in banca. Si arrabbia facilmente al ristorante se il servizio è troppo lento, oppure se il risotto è troppo salato. Alcune di queste persone sono così di natura, altre diventano insopportabili soprattutto per mostrare il loro potere. Altri ancora lo fanno come «gioco», per dinamizzare una vita troppo poco movimentata. Alcuni, infine, come dei bambini, provocano per vedere fino a che punto riescono ad arrivare, o fino a che punto gli altri li amano e quindi li sopportano.

I due territori particolarmente a rischio per i collerici sono comunque il cibo e il sesso. In quest'ultimo caso, quindi, ne risente la vita di coppia. Come dimostra la storia di Mario e Nietta. Hanno entrambi quarant'anni. Si sono sposati molto giovani e hanno subito avuto due figli; lavorano tutti e due, e si ritengono soddisfatti della loro vita professionale. Una coppia apparentemente serena, che viene però a chiedere aiuto, perché lei confessa di non provare più desiderio per il marito. Accetta i rapporti sessuali una volta al mese, e questo solo per «dovere coniugale». Eppure, quando si sono sposati, vent'anni fa, avevano scoperto insieme una sessualità libera e gioiosa: facevano l'amore anche una volta al giorno. Ma a poco a poco la frequenza è diminuita, in parte perché alla passione è subentrata una «normale» routine, in parte perché, con la nascita dei due figli, Mario e Nietta sono stati completamente assorbiti da una dimensione genitoriale, fatta di impegno e di stanchezza, che non ha lasciato loro più tempo per l'erotismo. La situazione è improvvisamente precipitata negli ultimi anni, e ora il desiderio di Nietta è sparito del tutto. Il marito, invece, continua ad avere «bisogni sessuali» imperiosi: e quando lei lo respinge, il mancato momento di intimità si trasforma in una lite.

Durante i colloqui abbiamo cercato di esplorare il desiderio di questa coppia, sia da un punto di vista biologico che psicologico. E abbiamo scoperto che il «nodo» della loro crisi sta nei preliminari. Mentre lei non ha difficoltà ad accarezzare il marito, e vorrebbe dare più spazio al lento nascere dell'eccitazione, lui preferisce andare subito «al sodo». L'obiettivo è la penetrazione: tutto il resto, secondo lui, è una perdita di tempo. Carezze, fantasie, giochi erotici vengono sacrificati o accelerati. Se lei, al di fuori della camera da letto, cerca di spiegargli i suoi desideri, lui reagisce in modo brusco e collerico, rifiutandosi di proseguire il discorso. E ovviamente, anche tra le lenzuola si rifiuta di cambiare e sperimentare. Questo modo di velocizzare e banalizzare il sesso è diventato, alla lunga, intollerabile per Nietta, che si sente poco capita e poco amata. In effetti, quello che il marito le offre è una sessualità, oltre che collerica, un po' egoista e stereotipata.

Che fare? Purtroppo la coppia si è decisa a chiedere aiuto dopo almeno dieci anni di insoddisfazione mascherata. Sarà molto difficile cambiare le loro abitudini, anche perché Mario ha un atteggiamento molto rigido e sembra non voler accettare un modo diverso di fare l'amore; Nietta, del resto, è da tempo amareggiata e delusa. La soluzione non sta in sbrigative «ricette erotiche», ma nell'analisi e nella gestione di un rapporto di potere nel quale si sono accumulati rancori e delusioni. In questi casi, dunque, più che una terapia sessuale sarà indicata una terapia centrata sulla comunicazione del conflitto coniugale.

Ma da dove nascono gli scatti di ira? Secondo Anna Oliverio Ferraris,[7] docente di psicologia evolutiva all'università di Roma, rispondono a motivi ben precisi. Vediamoli.

a) Ci si arrabbia con gli altri per non riconoscere le proprie responsabilità.

b) La rabbia nasce dal senso di frustrazione e di fallimento, come è ben descritto nel libro *Rabbia e vendicatività*.[8]

c) Spesso si scarica la rabbia trasferendola. Per esempio, c'è chi sul lavoro è obbligato a trattenersi e a subire le tirannie del proprio superiore, e poi, quando arriva a casa, si sfoga usando coniuge e figli come punching ball.

d) La rabbia e l'aggressività sono, per alcune persone, l'unico modo per ottenere qualcosa e per farsi rispettare.

e) Certe esplosioni colleriche appaiono sproporzionate, perché non dipendono dall'evento che le ha scatenate, ma sono frutto di antiche insicurezze.

f) Certe manifestazioni di rabbia hanno la funzione di creare distanza emotiva. Alcune persone che hanno paura di essere manipolate usano il litigio per ridurre l'intimità, e ricreare così una maggiore distanza psicologica.

L'imperatore Marco Aurelio affermava: «Le conseguenze dell'ira sono molto più gravi delle sue cause». E questo non accade perché, trascinati dalla collera, si pronunciano parole che non si pensano, ma perché non bisognerebbe proprio dirle, o dirle eventualmente al momento opportuno. Le conseguenze, infatti, possono essere irreversibili, come l'«ira funesta» di Achille, che si tradusse non in parole ma in azioni. Ed è per questo che, improvvisamente, in una rissa tra automobilisti compaiono i cacciavite o in un litigio al bar spuntano i coltelli. Perché l'ira acceca. E infatti Dante, nel Purgatorio, avvolge gli iracondi nel fumo.

Una forma terribile di collera pubblica è il pestaggio (o,

peggio ancora, il linciaggio) di un presunto criminale da parte della folla. Tutti si fanno contagiare dalla rabbia del vicino, in un parossismo di violenza crescente. Il problema è che i collerici, soprattutto se la loro ira è guidata da un capo carismatico, abbassano la soglia di intolleranza e indeboliscono i meccanismi di controllo.

Gli avidi predatori

I plateali morsi dati da Mike Tyson al suo avversario durante la sfida per il titolo di campione del mondo di boxe hanno suscitato unanime sdegno e ribrezzo. Non solo perché sono state infrante le regole del gioco sportivo, ma perché la «belva» Tyson, azzannando l'avversario, ha risvegliato la parte animale che sonnecchia in ognuno di noi. Ed è ricomparsa una primitiva funzione dei denti, ancora ben presente in leoni e pantere (e nei mitologici vampiri), ma ormai assente nell'uomo civilizzato.

Eppure ci sono personalità predatorie che fanno emergere nei rapporti umani la loro fondamentale voracità. Sono sempre pronte ad appropriarsi dei beni altrui non solo sul piano finanziario, ma anche su quello sessuale. Riescono a fare carriera (sgomitando, accumulando promozioni, accentrando su di sé funzioni, competenze, poteri con una voracità incredibile), ma spesso la loro vita di coppia è povera e triste, perché non sanno tenere conto dei bisogni del partner.

Ora, attraverso due casi, vediamo in che cosa consista l'avidità sessuale e affettiva.

Jolanda ed Ernesto vengono in terapia portando con sé la figlia di tre anni, che durante la consultazione sparge pezzi di mela sul pavimento. Jolanda, 36 anni, viene da una famiglia agiata; benché sia sposata, è ancora mantenuta dalla madre. È appassionata di psicologia umanista, e si nutre dei libri di Redfield e Coelho (dalla *Profezia di Celestino* in avanti), oltre che di seminari settimanali New Age, che non le consentono però di alleviare la sua grave insonnia. Ernesto ha 48 anni ed è stato un salvagente affettivo per Jolanda, ma ora questo rapporto complementare comincia a non funzionare più.

Il padre di Ernesto è scomparso in un naufragio quando lui era bambino, la madre lo ha messo in orfanotrofio e l'ha ripreso quando si è risposata con un uomo rigido e severo. Ernesto mi dirà poi che sua madre è morta di crepacuore quando lui ha deciso di sposarsi con Jolanda. Lui è un musicista che non riesce ad affermarsi; sembra proprio essergli mancata, nell'infanzia e nell'adolescenza, la funzione organizzatrice di una figura paterna. Non riesce a far valere i suoi diritti neanche nel rapporto di coppia, e finisce per subire i bisogni della moglie. In effetti, Jolanda soffre di una grande avidità affettiva e vampirizza tutto: il conto in banca della madre e il corpo del marito, al quale chiede sesso ogni giorno.

Quando domando loro di descrivere una giornata-tipo, il tema su cui si confrontano è quello dell'ordine e del disordine. Ernesto mette continuamente a posto, mentre Jolanda si «espande» e lascia cose dappertutto. È facile alle scenate e a volte ruggisce contro di lui come una leonessa, terrorizzandolo. Confonde chiaramente impulsività e spontaneità; afferma che i seminari New Age le hanno insegnato a esprimersi, ma ne approfitta abbondantemente per schiavizzare il povero marito.

Jolanda è soprattutto irritata quando i suoi bisogni sessuali si scontrano con l'atteggiamento passivo di Ernesto. Lui, invece, ha l'impressione di essere svuotato delle poche energie che gli restano. Ha già sperimentato da ragazzo la stessa sensazione quando è stato sedotto da una ragazza che voleva assolutamente farsi mettere incinta da lui. Ora teme di potersi bruciare se si avvicina troppo a Jolanda. Si tiene a distanza ma, così facendo, finisce per generare in lei un'intollerabile frustrazione.

Dietro questo conflitto su ordine e disordine (un tema ben descritto nel recente saggio di De Crescenzo)[9] si nascondono due maniere diverse di gestire le angosce esistenziali. Jolanda pensa di vivere in un disordine creativo, mentre in realtà approfitta del caos per imporre il suo avido bisogno di essere amata; asserisce di essere stufa di un uomo «senza palle», ma non riconosce il proprio problema: è anorgasmica, dato che la sua avidità le impedisce di abbandonarsi al piacere.

Dietro la sua mania della pulizia e dell'ordine, Ernesto nasconde invece la paura di essere invaso. Voleva una famiglia normale, ma non ha capito in tempo l'avidità e l'immaturità di lei. Ora, però, se lei continua a esagerare con le sue richieste, è disposto ad andarsene. Durante la terapia Jolanda tenta delle manipolazioni isteriche; dice di volere tangibili manifestazioni d'affetto e di non sopportare un uomo assente, ma ammette che lasciando il marito avrebbe paura di non riuscire a trovarne un altro.

Credo che bisognerà aiutare Ernesto nel suo desiderio di salvarsi la vita rispetto al vampirismo affettivo di Jolanda, di cui non aveva misurato l'intensità. Se accetterà di sottoporsi a un'analisi con un terapeuta uomo, facendo il «lifting» di una virilità fortemente alterata, alla fine non tollererà più il rapporto con la propria partner insaziabile. Questo è il prezzo da pagare in alcune terapie, in cui il miglioramento di uno dei partner crea nella coppia uno squilibrio irreversibile.

Ortensia, invece, è nata in Mozambico (anche se è di origini e cultura portoghesi) e lavora in Europa da qualche anno. Ha 39 anni; Alex, suo marito, 36. È una persona che «prende» molto spazio; durante il colloquio, occupa la mia scrivania con le sue carte e i suoi gomiti. Ha avuto molti uomini e non si capisce come mai una donna così decisa non si sia sposata prima. La storia con Alex è abbastanza recente, essendosi conosciuti pochi mesi prima. Fin dall'inizio lui soffriva di eiaculazione precoce, ma Ortensia lo ha sposato con la convinzione che sarebbe riuscita a guarirlo. Per questo lo porta in terapia.

Alex è un uomo complessato, che trattiene troppo le

emozioni. Tanta timidezza è dovuta anche a una malformazione al viso, esito di un angioma operato più volte, che gli ha lasciato delle cicatrici e una certa difficoltà nel pronunciare le parole. Il suo passato sessuale è abbastanza povero; ha avuto le prime esperienze con delle prostitute e ha vissuto una sola grande storia d'amore, dieci anni prima. Ho l'impressione che questa coppia si sia sposata troppo in fretta, senza aver risolto altri problemi alla base. Che, scacciati dalla porta, rientrano dalla finestra, ovvero, nel caso in questione, compaiono nel disturbo sessuale del marito.

Qual è la collusione inconscia che li ha legati e che ora li tiene insieme? Per Alex è la paura delle donne, il sollievo di essere stato scelto da una di loro e l'incapacità di dire di no. In Ortensia prevale invece la voglia di avere tutto, avidamente. Prima il lavoro, poi un marito, e adesso, prima che sia troppo tardi, un bambino: a 39 anni è ormai un desiderio pressante. E qui nasce la prima difficoltà di coppia, perché Alex teme che il suo angioma sia ereditario e si possa trasmettere a un figlio. Anche sua sorella ha un problema simile; tra l'altro, Alex vorrebbe che venisse ad abitare con loro, per poterla aiutare. Questo ha provocato l'ira di Ortensia, che vuole essere al centro dell'interesse del coniuge.

Appare abbastanza evidente che in questa coppia entrambi i partner sono poco attenti ai bisogni reciproci, mentre mettono molta energia nella soddisfazione dei propri. Per esempio, non vanno d'accordo per quanto riguarda le amicizie: quando lui riceve delle persone che lei considera poco interessanti, Ortensia esce di casa. Temo quindi che dietro un banale sintomo di eiaculazione prematura si nasconda un vero conflitto di coppia. In realtà, per ora si tratta di una non-coppia, che si è scelta sulla base di aspettative illusorie e per soddisfare bisogni individuali. La vera coppia non è ancora nata.

I passivi-aggressivi

Silvia ha quasi 50 anni e lavora in una multinazionale; è corretta, professionale, non eccessivamente brillante. Durante le riunioni non dice quasi niente, ma ha un'aria ostile, di protesta, come se si annoiasse. Quando vengono modificate le procedure di un certo lavoro, le applica alla lettera, con una rigidità che finisce per sabotarle. Nel corso di un meeting in cui si discuteva la possibilità di un periodo di straordinari a oltranza, non si è mostrata in disaccordo, ma subito dopo è stata a casa quindici giorni in malattia. Insomma, si oppone, ma mai direttamente. Anzi, in maniera nascosta e passiva. Silvia ha sviluppato, nel suo passato, un problema nei rapporti con qualsiasi tipo di autorità: non tollera gli ordini. Però, invece di cercare direttamente lo scontro, oppone una resistenza passiva, tipo «gommapiuma». Una strategia che ho spesso notato nei ministeri romani, dove ho sentito dire più volte: «Ho visto tanta acqua passare sotto i ponti, passerà anche questa».

L'atteggiamento passivo-aggressivo, del resto, è molto presente negli ambienti professionali, ove è ammantato di perbenismo. Soprattutto negli Stati Uniti questo stile *politically correct* finisce per nascondere aspri conflitti non risolti e nutriti di sentimenti arcaici come l'invidia e la rabbia. Così gli uffici pullulano di persone che oppongono resistenza alle esigenze altrui, criticano i rappresentanti dell'autorità, tirano in lungo le pratiche, dimenticano gli impegni, e poi si lamentano di essere incomprese o trattate ingiustamente. In genere, nelle riunioni sono loro che suscitano le reazioni più ostili e creano un'atmosfera malsana, perché il loro comportamento non è mai franco. Invece di ribellarsi apertamente, infatti, «fanno resistenza».

Le persone di questo tipo spesso ci fanno andare in bestia, e a volte abbiamo il sospetto che se ne compiacciano. Non le incontriamo solo sul lavoro, anche se spesso atteggiamenti del genere emergono nei rapporti tra superiore e subordinato. Li possiamo incontrare anche altrove: al ristorante, per esempio, nel cameriere che, di fronte alle nostre lamentele per il ritardo, si allontana con passo noncurante e strascicato verso la cucina. Oppure nell'adolescente che, dopo essere stato rimproverato per quanto sta al telefono, arriva in ritardo a tavola...

Per alcune persone, come appunto i teenager, comportamenti di questo tipo sono transitori; ma per altre, descritte nel manuale psichiatrico DSM-IV come «personalità passive-aggressive», rappresentano uno stile di vita. Come al solito, alcuni esempi clinici ci saranno particolarmente utili.

Vediamo il caso di Sonia e Riccardo. Il marito si lamenta del fatto che lei è ingrassata dopo il matrimonio, la moglie ribatte che lui l'ha delusa. Forse una spiegazione alle loro frustrazioni coniugali si può trovare nel libro di due psicologi americani, Richard B. Stuart e Barbara Jacobson, *Peso, sesso e matrimonio*.[10] I due sono giunti ad alcune inaspettate conclusioni. Prima di tutto, che sono moltissime le donne che a qualche anno dalle nozze non «entrano più» negli abiti della cerimonia. E poi che, secondo quanto emerge dall'inchiesta che hanno condotto, le mogli felicemente sposate aumentano di otto chili in dieci anni, mentre quelle che hanno rapporti infelici aumentato di quasi venti chili! I motivi? C'è chi, rassicurata dal matrimonio, smette di preoccuparsi del proprio peso. Ma c'è anche chi cerca conforto nel cibo, schiacciata da responsabilità e stress. E infine c'è anche chi, consciamente o inconsciamente, ingrassa per «tenere a distanza» il marito: la sessualità di coppia è talmente noiosa o frustrante che si preferisce una tavoletta di cioccolata.

Gianni, commercialista cinquantenne, è trascinato alla consultazione dalla moglie Cosima, che è riuscita a ottenere un appuntamento «in emergenza». Lei apre la bocca solo per lamentarsi di come il marito sia cattivo, ingiusto ed egoista. Sono sposati da dieci anni, hanno tre figli, ma Cosima sostiene che la casa è come se fosse ormai vuota, dato che non vi è alcuna comunicazione. Dice con aria ironica che lui lavora dodici ore al giorno e pensa così di aver risolto i suoi doveri coniugali. Quando torna a casa, è stanco, parla poco, vorrebbe fare del sesso in modo frettoloso. Lei è insoddisfatta e si rifiuta sempre più spesso di fare l'amore, salvo arrabbiarsi molto quando scopre un'avventura estiva del marito.

Capisco allora che mi consulta affinché io critichi e in qualche modo punisca il comportamento del marito. Ma non si rende conto, per esempio, che lui in casa è sempre silenzioso perché lei, parlando in continuazione, non gli dà l'occasione di partecipare.

Gianni è remissivo, rifiuta ogni idea di separazione coniugale che lei ora minaccia, però in effetti ha contribuito a svuotare la loro vita di coppia di ogni interesse e passione. Si concentra sul lavoro, sullo sport, sui figli perché sono le sole cose che gli danno soddisfazione. Ha ridotto invece al minimo il rapporto con la moglie. La comunicazione di questa coppia è tumultuosa e, soprattutto, sterile, perché inquinata da un meccanismo tossico: la «doppia proiezione». Ognuno dei due vuole cambiare l'altro, senza domandarsi cosa fare in prima persona affinché le cose possano evolvere. Gianni vorrebbe che la moglie fosse più calorosa e sessualmente disponibile; mentre Cosima afferma di essere rigida per insoddisfazione esistenziale. Secondo lei, il marito è troppo assente da casa, ma non si domanda se il suo atteggiamento un po' isterico e aggressivo non lo tenga lontano. La proiezione del bisogno di cambiare l'altro spiega anche perché i due diano spesso di uno stesso evento letture opposte: lei dice che lui non fa niente per rendere la loro vita migliore; lui ribatte che, malgrado gli enormi sforzi che fa da dieci anni, lei non è mai contenta.

Questo tipo di coppia evolve in genere verso una rissosa convivenza, a meno che non si faccia strada la possibilità di una separazione, che in tal caso finisce per diventare il male minore.

La terapia psicologica, allora, non si rivolgerà agli individui che costituiscono la coppia, ma al loro legame malato. Per esempio, si può usare il paradosso e sottolineare gli effetti positivi di un'avventura, per costringere queste persone a tirar fuori le ragioni per le quali è meglio restare insieme. Oppure si può rileggere il loro sistema di coppia in maniera diversa, dando un valore di segno opposto agli eventi che considerano distruttivi. Questa moglie un po' isterica diventerà allora un'imprevedibile e seducente cortigiana, mentre questo marito passivo l'uomo leale che le donne d'oggi non riescono più a trovare. La vera speranza per questa coppia inizierà nel momento in cui potranno passare dall'attuale comunicazione patologica a una modalità basata su presupposti del tutto diversi, che non si riassumono più nella vecchia formula «Che cosa devi fare tu», ma «Che cosa posso fare io perché la nostra relazione sia migliore».

A volte, però, la personalità passiva-aggressiva è accompagnata da notevoli problemi sessuali. È il caso di Pina, 45 anni, sposata con Claudio da quindici, che recentemente ha scoperto una relazione extraconiugale del marito. La vita sessuale di questa coppia è insoddisfacente e problematica: Pina soffre di un'anorgasmia quasi totale, e solo recentemente ha scoperto l'orgasmo clitorideo, usando un vibratore. Non ha mai sopportato di essere di statura alta, dunque visibile e desiderabile. Fin da piccola ha avuto la tendenza a trattenere il flusso dell'urina, come ora ha una tendenza alla ritenzione orgasmica.

Pina ha vissuto in una famiglia molto religiosa, che le ha impartito un'educazione severa. C'è stato, insomma, un vero black out della sessualità, di cui non ha mai parlato neppure con le amiche. Anche le prime mestruazioni non le sono state spiegate in casa, ma dalla maestra. Non ha mai esplorato il suo corpo, il piacere; anzi, è stata ossessionata dai rituali religiosi della purezza.

Al liceo e poi all'università Pina non ha avuto alcuna educazione sentimentale; ha fatto per la prima volta l'amore a ventitré anni, provando dolore, perché «bisognava farlo». Poi ha conosciuto il futuro marito, Claudio. Da lui ha imparato molte cose, anche dal punto di vista erotico; ma ora lui dice crudamente di essere stufo di avere nel letto un «manico di scopa».

In un primo tempo Pina mi ha chiesto di «riparare» la sua insufficienza sessuale per non perdere il marito, e solo successivamente ha capito di dover affrontare gli aspetti più difficili del proprio carattere, in particolare il suo comportamento passivo-aggressivo.

Per esempio, Pina vive male tutto quanto riguarda la seduzione, si sente troppo appariscente e questo la mette a disagio. In particolare, fa confusione tra «mostrare» ed «esibire», a causa di antichi divieti familiari: le donne devono tenere gli occhi bassi per non «indurre in tentazione». Solo col tempo ha capito di contenere molte emozioni bloccate: Pina è come un vulcano, pronta a esplodere. Insomma, vorrebbe ma non osa, anche dal punto di vista professionale. Sul lavoro la sua aggressività è completamente inibita, un atteggiamento tipico delle personalità passive-aggressive, che a volte si mostrano ipereducate quando in realtà vorrebbero essere selvagge. Il punto è proprio riuscire a esprimere l'aggressività, anziché accumulare rancore senza potersi ribellare. Nel caso di Pina scopriamo infatti che, oltre al desiderio di sedurre, soffocato sul nascere, ci sono conflitti coniugali nascosti e rimossi. Il più serio è un trasferimento subìto a malincuore: Pina si è spostata dalle Marche a Torino per seguire il marito, ma in fondo non è mai riuscita a perdonarlo per questo.

Carlo è invece un esempio di passività aggressiva al maschile. Cinquantenne, vedovo, suscita noia quando descrive le sue difficoltà sessuali. Ha una storia con Fiona, che abita a venti chilometri da lui, ma con cui non convive per ragioni incomprensibili. I due si incontrano solo il sabato; eppure passano al telefono tutte le altre sere della settimana, quando potrebbero benissimo vedersi, dato che soffrono entrambi di solitudine. Carlo è un funzionario comunale, pieno di ansie e votato al fallimento. Ingigantisce le difficoltà, vede sempre il peggio, ha paura di essere licenziato, di restare senza denaro e di essere mal giudicato. Si sente «un verme» (sono parole sue), ma col suo atteggiamento passivo finisce per spegnere anche le energie di Fiona. Lei è arrivata da un paese dell'Europa dell'Est con una figlia piccola, ha creduto di sistemarsi con un uomo gentile e dallo stipendio sicuro, e invece è costretta a rimanere sola per tutta la settimana, con un compagno in crisi di semi-impotenza da gestire il sabato sera. Carlo, con la sua inspiegabile reticenza a percorrere venti chilometri dopo il lavoro per raggiungere Fiona, dimostra di essere sottilmente aggressivo: approfitta delle difficoltà di una donna sradicata dal proprio paese d'origine, che presto, a mio parere, lo lascerà sicuramente per altri lidi meno noiosi.

Anche Ottavio, 47 anni, sposato da venticinque, assilla la moglie Serena con un atteggiamento passivo-aggressivo. Vivono e lavorano insieme in un negozio di loro proprietà. Il padre di Serena è morto prima che lei nascesse; la madre l'ha allevata in una campana di vetro. Sposando Ottavio è caduta dalla padella nella brace, perché la dipendenza che un tempo segnava il suo rapporto con la madre è ricomparsa, anche se con segno opposto, nel matrimonio. Lui è buono, ma manca di grinta, a cui sopperisce con una sottomissione passiva che fa innervosire Serena. Continua a chiederle «Mi ami?» come un cagnolino, anche se poi non fa niente per appagare i desideri di lei. E, soprattutto, la priva di autonomia, seguendola anche quando lei vorrebbe andare al cinema o a ballare con le amiche.

Questo marito mi ricorda un professore di settant'anni innamorato di una bella quarantenne, che sta sempre incollato a lei, a ogni cena e a ogni festa, al punto di soffocarla. Ottavio, allo stesso modo, non è in grado di trasformarsi dal cucciolo impaurito che è nell'audace cowboy che Serena vorrebbe. A parole, accetta la sperimentazione terapeutica che gli propongo (comunicazione corporea non genitale, seguita da carezze, senza arrivare al rapporto completo), ma poi aspetta che sia la moglie a cercarlo, oppure si fa avanti per disperazione la sera prima della seduta. Insomma, è una vera «palla al piede», che Serena tenta di smuovere periodicamente, in genere con crisi estive che scoppiano quando, vedendo amici e conoscenti che si divertono, continuano ad avere uno stile di vita stanziale e ripetitivo. Ormai sono insieme da un quarto di secolo e Ottavio ha quasi ottenuto il suo obiettivo inconscio di far passare la vita (sua e della moglie) senza viverla in prima persona. Con una metafora geografica, lo chiamerei un «uomo-tundra»: non sopporta i tropici e non tollera la fredda solitudine del polo, ma anziché ricercare le zone temperate, preferisce la tundra, dove si può sopravvivere senza cercare climi affettivi più clementi.

Un ultimo esempio di «palla al piede» è Biagio, 50 anni. Fuori casa, con i colleghi, gli amici e le donne che ogni tanto corteggia, è un uomo vivace, mentre in famiglia appare spento, rabbioso e sabotatore. Trova che la vita coniugale sia una scocciatura, che il dialogo sia fastidioso, e che la spontaneità della moglie sia solo una «smanceria». Al tempo stesso sa che non può fare a meno di lei, perché ha un potere stabilizzante rispetto alle avventure effimere e impulsive che lui si concede. È come se Biagio le facesse scontare la dipendenza di cui ha bisogno, ma che vive come una catena. Paradossalmente, se la moglie fosse un'amante, lui si mostrerebbe senz'altro più ciarliero, mentre una consorte che fa da «garante della tana» gli ricorda l'infanzia, quindi la madre, ovviamente necessaria ma assillante.

Dopo vent'anni di matrimonio, però, è difficile convincere un uomo del genere che il matrimonio non deve essere necessariamente la tomba dell'amore. Anche perché la moglie strepita, ma poi non fa nulla. Finirà che i due manterranno l'attuale modalità di convivenza, sognando momenti di evasione lui, e gentilezze coniugali lei.

Per vivere meglio

Come abbiamo visto, i cattivi si dividono in varie categorie. Anche le strategie di difesa, quindi, saranno differenziate.

1. *Provocatori: se è possibile, sfruttarli.* Una tattica che funziona soprattutto con i provocatori negativi in ufficio. Per «neutralizzarli» e, in qualche modo, sfruttarli, si potrà delegare loro il rapporto con i capi o con i clienti più fastidiosi; oppure, se sono impegnati in attività sindacali, si potrà mandarli «sulle barricate». Nella sfera privata è invece più difficile utilizzare in modo vantaggioso gli atteggiamenti provocatori, soprattutto quando questi fanno parte del carattere. Il provocatore narciso, per esempio, non ha alcuna coscienza del suo difetto e tende a vampirizzare le energie altrui. L'unico consiglio che perciò posso dare alle potenziali vittime è di girare alla larga. Tagliare i ponti, anche a costo di pagare un certo prezzo, può essere il modo migliore per sopravvivere a queste persone, che dietro il loro comportamento nascondono un'aggressività distruttiva e un'impulsività immatura.

2. *Collerici congiunturali: «tamponarli».* Se si ha a che fare con una persona che perde le staffe solo in determinate circostanze, è abbastanza facile creare situazioni tampone che permettono al collerico di calmarsi. Per esempio, chi sposa un uomo che si arrabbia facilmente quando guida, cercherà di non viaggiare sulla stessa auto, o di convincerlo a prendere più spesso l'aereo o il treno. Con un collaboratore o un capo che si irrita facilmente per i ritardi, si proverà a essere il più possibile puntuali, o a non dare troppa importanza alle sfuriate congiunturali quando capitano.

3. *Collerici strutturali: frenarli.* In questo caso valgono le regole adatte per le personalità litigiose e distruttive.

a) *La rappresaglia.* Rosa si lamentava con il marito Mario per la sua scarsa intraprendenza sessuale. Mario non ha trovato di meglio che confessarle che preferiva masturbarsi pensando alla sua attrice preferita. Il giorno seguente Rosa ha preparato la tavola per due, ma ha cucinato solo per sé. Ha cominciato a mangiare con calma davanti al marito infuriato, al quale ha poi spiegato che faceva a tavola ciò che lui faceva a letto.

b) *L'intimidazione.* Alcune persone si fermano solo davanti alla «paura del gendarme». La diplomazia e la paziente gentilezza non hanno su di loro nessuna presa: per individui del genere, come per le bande di delinquenti, vale solo la legge del più forte.

c) *La rassicurazione.* Molti collerici sono, in realtà, dei grandi insicuri. Lello è un uomo disturbato, che ha sempre vissuto con i soldi della sorella o delle donne da cui più o meno è stato mantenuto. Quando la famiglia ha tentato di chiudere i cordoni della borsa, lui ha minacciato di compiere violente rappresaglie, arrivando al punto di tirar fuori la pistola. È bastato però ricreare una situazione più rassicurante (è stato aiutato a trovare un lavoro, e quindi uno stipendio) perché Lello ritornasse a essere un innocuo seduttore di provincia.

d) *La mediazione.* Il codice civile si è sostituito alla legge della giungla, mentre l'argomentazione giuridica ha preso il posto (anche se non sempre) della clava usata dall'uomo delle caverne. Anche la psicologia suggerisce strategie di mediazione che permettono di sdrammatizzare conflitti esacerbati. Nelle terapie dei conflitti coniugali, per esempio, se una coppia litiga ormai su tutto, si può affermare che esiste un muro che impedisce ai partner di comunicare. Come superare l'ostacolo? Lui dirà, magari, che bisogna scavalcare il muro, mentre lei sarà forse dell'idea che bisogna costruire una porta. Dopo un po' la coppia avrà sostituito un confronto diretto, a «muso duro», con una litigata su come superare la situazione di incomunicabilità. Si è quindi spostato l'oggetto del litigio; e il conflitto diventa così meno aspro.

4. *Passivi-aggressivi: trovare un antidoto.* Scoprire un antidoto per le personalità passive-aggressive non è facile, soprattutto se queste esercitano qualche potere su di noi. Allora, come possiamo reagire? L'istinto ci dice che, soprattutto sul lavoro, conviene metterle davanti a una situazione chiara, da cui possano uscire solo con un sì o con un no. Anche se loro sono abilissimi nello sgusciare via, evitando il confronto. In ambito privato si può invece mostrare la differenza tra «controllo» e «padronanza», invitando le persone a mostrare una maggiore spontaneità. Ma a questo occorre accompagnare umorismo, fantasia e trasformazione del conflitto in energia, se si vuole neutralizzare la rabbia che queste persone sanno suscitare in noi. Infine, di fronte a coppie di vecchia data, è inutile attizzare vecchi rancori. Andando avanti con l'età, se non si è riusciti con gli anni a costruire una vera complicità, è più saggio aumentare gli spazi di autonomia che tentare un impossibile cambiamento.

IV

Gli ansiosi

Si dice che la fretta sia cattiva consigliera. Ma la paura e l'ansia non sono da meno, tant'è vero che istituzioni finanziarie come la Borsa in parte subiscono mutamenti in base a criteri irrazionali: il «toro» (l'impennata) può dipendere da ottimismi sfrenati, mentre l'«orso» (il ribasso) da contagiose crisi di panico.

Eppure l'ansia nasce da una finalità positiva ed è al servizio della vita: in questo caso si parla di «eustress», cioè di uno stimolo che mantiene uno stato di all'erta di fronte a un pericolo o a un'iniziativa particolarmente importante. Biologicamente l'ansia è correlata all'adrenalina e alla dopamina, due ormoni prodotti dall'organismo che provocano nell'animale e nell'essere umano uno stato di attenzione vigile o di allarme, che facilita, per esempio, lo studente nello sprint finale e lo aiuta a superare brillantemente un esame. Purtroppo, in alcuni individui l'eustress si trasforma in «distress» (chiamato più comunemente «stress»), situazione in cui le reazioni fisiologiche sono sproporzionate alla causa. L'ansia persiste così al di là dell'evento, pur non avendo più ragione di esistere.

Nella società occidentale, frenetica e pressante, l'ansia è comunque diventata una «compagna di strada» per molti. Anche se, come ha sottolineato la psicoterapeuta Gianna Schelotto[1] nel suo libro dedicato proprio a questo tema, bisogna distinguerne tre tipi. Al primo appartiene quella cosiddetta «naturale», che ci porta a preoccuparci giustamente di questioni rilevanti, che riguardano il lavoro, la salute, la vita affettiva. Un'inquietudine, come abbiamo detto, positiva, perché dirige la tensione verso il cambiamento. Appartiene al secondo tipo l'ansia «nevrotica», che attacca di sorpresa (ed è spesso accompagnata da problemi psicosomatici), trasformando la vita in una corsa a ostacoli. Un terzo tipo di ansia, sostiene la Schelotto, è quella «esistenziale», che ruota intorno ai grandi temi della vita, dell'amore e della morte: squarci brevi, laceranti, che ci danno comunque la possibilità di riflettere, meditare. E maturare. L'ansia che però qui ci interessa è quella di secondo tipo: l'ansia nevrotica che accompagna, disturba e talvolta, purtroppo, paralizza la vita di certe persone. E che le rende, a seconda del tipo di rapporto che abbiamo con loro, fastidiose o decisamente pericolose!

Qualche esempio? Penso a un amico, che quest'estate mi ha telefonato per chiedermi una confezione di Viagra, all'epoca non ancora in vendita in Italia. Gli ho assicurato che avrei fatto il necessario per aiutarlo nel giro di una settimana. Ma la sua ansia è stata più forte, e non è riuscito ad aspettare: mi ha richiamato due giorni dopo, trovando la mia segretaria, a cui avevo dato istruzioni perché cercasse di tranquillizzarlo. Ma lui le ha telefonato due volte, dopodiché, non ancora contento, mi ha cercato sul cellulare (il cui numero è privato) per chiedermi se avessi parlato con lei!

Per me la situazione in assoluto più ansiogena sarebbe quella di viaggiare in compagnia di Emilio Fede e Roberto Gervaso. Il primo consulta continuamente i bollettini meteo perché ha paura delle turbolenze, mentre il secondo spia ogni possibile fonte di aria condizionata in grado di rovinargli la salute!

L'ansia sembra essere anche un tratto tipico delle mamme italiane. Carmen, neolaureata di 25 anni, vive ancora con i genitori; la madre, molto affettuosa ma particolarmente apprensiva, le ha regalato un cellulare per calmare la propria angoscia. Però, se Carmen rimane fuori tutto il giorno, o va via per il weekend, senza rispondere alle due telefonate quotidiane, la madre pensa subito al peggio. Tra l'altro, Carmen è figlia unica, e la madre, con tutte le sue raccomandazioni relative agli uomini inaffidabili, cerca di scongiurare il rischio che venga «mangiata dal lupo cattivo», ottenendo in realtà l'effetto esattamente opposto. La figlia, non riuscendo a contenerne l'ansia, e non volendo procurarle dispiaceri, ha cominciato a raccontarle delle bugie «per farla stare tranquilla».

Anche Guido è un ansioso cronico. Suo padre, rigido e severo, l'aveva mandato in collegio quand'era adolescente, perché si era permesso di disobbedirgli. Da allora Guido è divorato dal desiderio di rivalsa e dal timore dell'autorità, che vede come il prolungamento di quella paterna. Alla vista dei doganieri, in autostrada o in aeroporto, è preso dal panico, anche se non ha niente da nascondere. E, a causa del suo atteggiamento maldestro, subisce molti più controlli degli altri automobilisti! Inoltre ha paura dei vigili e teme sempre di lasciare la macchina in posti sbagliati. Questo lo porta a parcheggiare ad almeno un paio di chilometri dallo stadio quando va alle partite di calcio, la sua passione. Così ha quasi rinunciato ad andare in automobile. Ma, anche quando prende l'autobus o il treno, la paura dell'autorità lo assale non appena vede il controllore... Guido, tra l'altro, soffre di una leggera fobia, che gli impedisce di sedersi sui sedili posteriori in macchina (a meno che non sia su una quattro porte). Fa fatica a entrare nei cinema affollati ma, nel complesso, la sua claustrofobia è piuttosto moderata. L'ansia, invece, gli ha impedito di realizzarsi completamente nella vita. Così ha finito per appoggiarsi a una donna forte, che però lo domina. Il suo potenziale umano, notevole per intelligenza e bontà, è stato come inquinato da questa agitazione perenne, che gli ha creato dubbi e insicurezze.

Quello che ci interessa non è soltanto l'evoluzione personale degli ansiosi, ma anche quanto ci influenzino, perché se a volte la loro sollecitudine è affettuosa, in altri casi diventa difficile da gestire. Nella vita privata e anche sul lavoro, quando, oltre allo stress di una scadenza da rispettare o di un ostacolo burocratico inaspettato, ci ritroviamo accanto collaboratori, colleghi o, peggio ancora, superiori ansiosi, che drammatizzano e mandano in tilt il ritmo produttivo.

Detto questo, non voglio però sottovalutare l'aspetto creativo dell'ansia, e il fenomeno Woody Allen, con le sue geniali invenzioni cinematografiche, è un esempio di quanto sia rilevante. Uno psichiatra famoso ed «ermetico», Eugenio Borgna,[2] nel suo ultimo libro ha dedicato alla letteratura, all'arte e persino al cinema un intero capitolo, leggendovi le «immagini» e le «forme» dell'ansia: dai versi malinconici di Leopardi all'angoscia che innalza la sua «nera bandiera» descritta da Baudelaire, alle «Muse inquietanti» dipinte da De Chirico, all'indimenticabile partita a scacchi con la morte nel film *Il settimo sigillo* di Bergman.

L'ansia e la sua variante più cupa e tormentata, l'angoscia, sono quindi intimamente legate all'arte. Non solo per i libri o i quadri che raccontano di questo sentimento, ma anche perché colorano a tinte forti la vita di artisti, scrittori, registi.

Infine, ci sono persone che per produrre, dal punto di vista professionale o artistico, hanno bisogno di uno stato di emotività concitata, che le faccia uscire dal torpore o dalla noia quotidiana. L'amico Fiorenzo è un tipico esempio di individuo in preda all'ansia creativa, che ogni tanto provoca sudori freddi in chi ha a che fare con lui. Ottimo organizzatore di convegni letterari e culturali nel Sud Italia, è riuscito a penetrare in ambienti dove nessuno aveva accesso e a trasmettervi il gusto della lettura. Il problema è che, sebbene cerchi di organizzarsi con qualche mese di anticipo, in realtà finisce sempre per agire in uno stato di emergenza, per cui gli eventi nei quali mi coinvolge portano spesso con sé un'alta dose di imprevisto. Il bravo Fiorenzo se la cava con i bruciori di stomaco, e gli scrittori con la promessa che l'anno successivo le cose saranno organizzate con più calma.

Che tengano per sé la propria ansia, o la trasmettano agli altri, gli ansiosi presentano in genere quattro caratteristiche: anticipazione ansiosa, valutazione eccessiva dei rischi, tensione eccessiva, attivismo frenetico.

Anticipazione ansiosa

Il fidanzato che non chiama è sicuramente con un'altra donna, il capo che ci convoca ha in serbo una sfuriata, l'amica che non si fa viva da tempo telefona ovviamente per dare una brutta notizia... Ci sono persone apprensive che hanno subito pronto lo scenario peggiore. Si preoccupano in ogni caso, anche se non ci sono segnali negativi. E arrivano al punto che, se ricevono una fattura o una multa da pagare, corrono precipitosamente alla posta o in banca.

Valutazione eccessiva dei rischi

Il mondo è un posto pericoloso, dove le catastrofi sono sempre in agguato: è questo il credo dell'ansioso. Seguito da: bisogna stare all'erta e moltiplicare i meccanismi di prevenzione. Nelly, che ho conosciuto in vacanza l'anno scorso, sembrava una persona un po' controllata, ma nell'insieme intelligente e simpatica. Il giorno della partenza si è letteralmente trasformata. Pur dovendo partire alle nove e mezzo, alle sette era già in piedi, con i bagagli pronti, a enumerare tutti i rischi che avrebbe potuto comportare il trasbordo dall'albergo all'aliscafo, e poi dall'aliscafo al treno. Di fronte alla domanda che classifica automaticamente i viaggiatori: «Se devi prendere il treno arrivi all'ultimo minuto, a tempo debito, o mezz'ora in anticipo?», Nelly aveva chiaramente scelto la terza risposta.

Tensione eccessiva

Gli ansiosi vedono in ogni evento l'aspetto negativo, e ciò crea una tensione permanente, che li fa vivere male e crea intorno a loro un'atmosfera di disagio. Come dice lo psichiatra Lelord,[3] queste persone hanno regolato in maniera troppo sensibile il loro «sistema di allarme».

Attivismo frenetico

Infine esistono alcuni meccanismi chiamati «controfobici», in cui prevale l'attivismo frenetico che si oppone alla paura e, in un certo senso, la sfida.

Un simile sistema di difesa contro l'ansia è stato adottato da Alcide, 65 anni, noto industriale, perpetuamente in movimento per verificare la sua capacità di inventare cose sempre nuove. L'immobilità è per lui sinonimo di morte, che gli fa paura fin dall'infanzia, quando la nonna, che lo teneva per mano, è stata travolta da una motocicletta. Da allora Alcide ha esorcizzato la sua paura di morire facendo molto sport e seguendo un'alimentazione sana e accurata. Ha organizzato il suo «nido» familiare con una moglie chioccia; per il resto è sempre fuori casa alla ricerca di verifiche erotiche. A livello sessuale teme di non farcela e ha subito beneficiato dei nuovi farmaci in commercio, in particolare il Viagra. Ama soprattutto le ragazze giovani e accomodanti, mentre è messo in crisi dalle donne aggressive. E, con la storia di Alcide, entriamo direttamente nello scenario in cui l'ansia inquina la felicità sessuale.

Ansia sessuale

Tipicamente maschile, l'ansia di prestazione che colpisce in camera da letto non fa distinzione, in realtà, tra uomini e donne. E se per gli uomini il risultato è diretto e visibile (assenza o perdita dell'erezione), nelle donne comporta il mancato raggiungimento del piacere. Quella femminile, tuttavia, è più rara, ed è per questo che i protagonisti dei casi che seguono sono tutti uomini.

Fausto è un commerciante di 42 anni, inquieto perché non ha più l'erezione «preventiva». La sua risposta sessuale è in realtà del tutto normale se ci sono stimoli «meccanici», carezze e manipolazioni. Egli è però talmente ansioso da minimizzare questi successi e spendere milioni in esami andrologici per verificare la sua normalità. La sua è, quindi, una tipica ansia di prestazione. Se si accorge di non avere, appena sveglio, la normale e quotidiana erezione mattutina, si sente un uomo finito. E quando ha un'erezione notturna, sveglia la moglie non per avere un rapporto sessuale, ma per mostrarle il suo vigore. Questa inquietudine raggiunge picchi di ossessione: spesso in macchina o in ufficio Fausto si tasta attraverso i pantaloni. Quando fa freddo, poi, la ritrazione naturale del pene gli suscita la paura di «non averlo più».

L'angoscia di Fausto è chiaramente immotivata, dato che ha un'attività sessuale superiore alla media dei maschi della sua età. Sono centinaia gli uomini che ho visto comportarsi come Fausto. Alcuni sono ansiosi sempre, in tutti i settori della vita. Altri, nell'ambito professionale, hanno trovato una distanza emotiva che permette loro di gestire l'emozione, mentre in quello sessuale sono talmente vulnerabili che basta un niente perché riappaiano i vecchi dubbi.

In campo erotico, del resto, le inquietudini maschili e femminili non sono dello stesso genere, in quanto l'ansia, nelle donne, riguarda più facilmente la seduzione, mentre l'uomo da secoli ha centrato le sue paure attorno all'organo sessuale.

Vediamo, per esempio, il caso di Raoul, un avvocato sessantenne di origine pugliese. È sposato, con cinque figli, un matrimonio in crisi e un'amante. Però soffre di crisi di impotenza, che non sono dovute a cause fisiche, come gli ha spiegato l'andrologo consultato, ma a una ragione emotiva. Raoul, che è un uomo tradizionale, è irritato con la moglie ma si sente in colpa per avere un'amante. Oltre al senso di colpa, teme il rischio Aids, e non a torto, dato che non vuole usare il preservativo. Inoltre ha paura che l'amante rimanga incinta e lo possa così incastrare. L'insieme di questi fattori è già sufficiente a creare un'ansia sessuale invalidante. Ma l'inquietudine che lo blocca a letto ha radici che affondano nel suo passato.

Raoul è l'ultimo di tre fratelli, e quando aveva sei anni la madre è morta, improvvisamente e drammaticamente. Il padre si è poi risposato, e ha avuto altri figli. Raoul si è sentito trascurato, ha sviluppato una sorta di rabbia per l'ingiustizia subita e ha investito tutto il suo rancore nel desiderio di riuscita. A scuola era il primo della classe; alla continua ricerca dell'eccellenza, è stato prima leader studentesco, poi è diventato un avvocato di grido. Purtroppo, già a venticinque anni soffriva di emicrania per una forma di ipertensione di natura emotiva. Ora, quando si sente ansioso, cammina a lungo e ascolta musica classica. Anche se, giunto a sessant'anni, ha crisi di angoscia quando fa il bilancio di una vita che considera, a torto, un po' vuota.

Se perde una causa, Raoul si innervosisce e si chiude nel suo studio per calmarsi, ma quando vince non è soddisfatto: è una di quelle persone che non riescono a godere fino in fondo dei momenti di successo. Ecco, forse, la chiave del suo malessere: dietro la sua ansia di prestazione emerge una difficoltà ad assaporare e apprezzare i piaceri della vita. E se all'inizio era lo stress professionale a causargli l'impotenza, successivamente è stata l'impotenza a procurargli stress. Anche quando passa una serata insieme alla sua giovane amante, la accarezza ma rifiuta di essere accarezzato finché non è sicuro dell'erezione.

Per Raoul è stato messo a punto un intervento a tre livelli.

a) Alcune tecniche di rilassamento e d'ipnosi, data la sua ansia persistente come tratto comportamentale.

b) Una prescrizione di prostaglandine, per avere un'erezione al momento opportuno, almeno fino a quando l'ansia continuerà a bloccarlo.

c) Una psicoterapia di accompagnamento, che gli permetta di allentare la tensione ed evitare la drammatizzazione degli eventi. Quando Raoul imparerà a vivere la vita in modo più sereno, i suoi disturbi psicosomatici e sessuali si attenueranno a poco a poco.

Anche il trentenne Gianni soffre di ansia di prestazione; per lui, però, la causa non è interna ma esterna, e si chiama Luisa. Gianni è un uomo simpatico e intelligente; dal punto di vista sessuale non ha problemi, purché non s'imbarchi in storie emotive strampalate. Questo però è successo con Luisa, una trentenne seducente ma al tempo stesso un po' mitomane, che mette in atto con Gianni la politica della «doccia scozzese». La loro storia è burrascosa, si sono già lasciati e ripresi mille volte. E Luisa, quando vede Gianni con un'altra ragazza, fa di tutto per riconquistarlo e sedurlo; ma quando poi ci riesce, lo tiranneggia. Insomma, si comporta come un burattinaio che tira i fili del suo burattino. E, anche a letto, Luisa è «pericolosa». L'erezione di Gianni, in pratica, le serve per «verificare» se sia rimasta intatta la sua capacità di seduzione. Tanto che una notte, dopo aver fatto l'amore, le è scappata un'osservazione un po' cruda: «Questa sera l'erezione era meno buona dell'ultima volta». Ciò voleva significare: «Forse ti piaccio di meno», ma in realtà la frase è stata decodificata da Gianni come: «Non eri granché». Da allora, con Luisa lui non riesce più a fare l'amore. Nel corso di una «psicoterapia di crisi» l'ho aiutato a superare le sue ansie più immediate, centrate sulla paura che Luisa lo andasse a raccontare in giro, come lei puntualmente ha fatto. Inoltre, Gianni non voleva lasciarla, perché non intendeva chiudere una storia su un fallimento sessuale che gli bruciava. Nell'ambito della breve psicoterapia ho potuto dimostrargli che si sarebbe dovuto preoccupare di interrompere il suo legame con una donna così pericolosa piuttosto che temere per un'erezione che, in un contesto sentimentalmente più tranquillo, sarebbe riapparsa senza difficoltà. Cosa che si è puntualmente verificata, dal momento che ora Gianni sta vivendo un'altra storia più felice, e Luisa – come da copione – sta cercando di riconquistarlo. Ma stavolta credo che lui non cederà.

I casi di ansia di prestazione potrebbero continuare all'infinito. Ma noi ci limiteremo a citarne ancora due, in cui il compito del terapeuta è stato quello di identificare l'elemento specifico che aveva generato l'ansia e la corrispondente difficoltà sessuale.

Dario ha 46 anni, tre figli, e ha divorziato dieci anni fa da una moglie «dominante». Ha avuto poi altre storie con due donne energiche che l'hanno però lasciato, perché entrambe hanno preferito la loro indipendenza a un rapporto che le obbligava a occuparsi della cucina e della lavatrice di Dario. Meglio sole, quindi, che legate a un uomo che aveva bisogno di essere accudito, «lavato e stirato». E consolato per le sue défaillances sessuali.

Dario, che è sempre stato dominato dalla madre e dalle sorelle, ha finito per incontrare nella sua vita tre donne che si somigliano, secondo il più classico principio della ripetizione nevrotica. Dal punto di vista professionale (è un geologo) se la cava abbastanza bene, ma in ambito sessuale è attanagliato dall'ansia. Nella breve terapia che abbiamo intrapreso ha fatto emergere la fantasia della «vagina dentata», cioè di una donna castrante e pericolosa. Questa fantasia, tipicamente maschile, può sia inibire il desiderio sia rendere aleatoria l'erezione, o accelerare l'eiaculazione quando, nel corso del rapporto, va a sostituire fantasie erotiche più eccitanti.

Anche Andrea, che ha 55 anni ed è vedovo da due, è attanagliato dal ricordo della moglie, di cui ha paura di tradire la memoria. Lei era gravemente malata, e negli ultimi tempi non avevano più rapporti sessuali, ma la sua immagine continua a rimanere dominante. Era più anziana di lui; Andrea, fragile e molto ansioso, le si era come aggrappato, mentre lei approfittava del fatto che non avevano figli per concentrarsi sulla carriera.

Il bilancio andrologico ha confermato che Andrea non presenta nessuna difficoltà organica. È quindi un fattore emotivo che lo blocca nella nuova storia, iniziata da un mese; riesce ad arrivare all'erezione se è vestito, mentre poi a letto l'eccitazione sparisce. I colloqui psicologici hanno permesso di far emergere una convergenza di fattori ansiosi, in quanto Andrea teme di non riuscire a soddisfare la nuova compagna e, al tempo stesso, di mancare di rispetto alla memoria della moglie. È inoltre maldestro, perché ha cercato di fare sesso a casa sua, nel letto matrimoniale, con risultati ovviamente disastrosi.

Anche in questo caso, una breve terapia è stata sufficiente per risolvere il lutto coniugale; Andrea si è infatti convinto che probabilmente anche la moglie sarebbe contenta che lui, invece di rimanere solo, intrecciasse una nuova relazione. Gli ho anche consigliato di cambiare l'arredamento della casa e di invitare la nuova amica in vacanza ai Caraibi, per verificare se il cambiamento di contesto avesse il potere di calmare le sue ansie. E così è stato.

Ansie di coppia

L'ansia, come fenomeno psicologico fondamentale, accompagna la storia di molte coppie: dal momento della costituzione agli eventi che costellano la vita in comune, fino al momento della separazione, volontaria o meno.

In certe situazioni l'ansia è il vero motore di convivenze catastrofiche. Il mio amico Alberto e sua moglie Francesca, una coppia di quarantenni, sono due angosciati cronici, che quando stanno insieme non fanno altro che litigare. Quando però si allontanano (lui viaggia spesso per lavoro), dipendenti come sono l'uno dall'altra, si sentono soli. Si telefonano e si vogliono bene a distanza, ma, quando passano troppo tempo insieme, sono scintille. L'atmosfera tra di loro è così elettrica che anche il cane di casa è diventato ansioso e nevrotico. Dopo anni di interminabili litigi, ai quali tutti i colleghi di Alberto hanno assistito, i due negli ultimi mesi hanno deciso che il loro matrimonio era finito. Lui le ha anche rivelato di avere una storia con la segretaria. Di fatto però non si sono separati, adducendo ragioni fiscali ed economiche, e continuano a vivere nella stessa casa, dormendo in due camere diverse. Ma la situazione, invece di migliorare, è peggiorata. Per Francesca, che si sente più sola che indipendente, e per Alberto, che, terminata l'avventura con la segretaria, ha perso in un colpo solo un'amante e una collaboratrice. Sono molte le coppie che non riescono a trovare la giusta distanza tra autonomia e condivisione. Spesso, infatti, i partner si stanno troppo addosso; da un lato si proteggono, ma dall'altro si soffocano.

Leo e Marisa, entrambi quarantenni, mi avevano già consultato quattro anni fa. Lui ha un'erezione che non si mantiene; gli esami andrologici, però, non hanno rivelato alcuna anomalia fisica. In realtà si tratta di un problema psicologico, dato che Leo ha un atteggiamento troppo protettivo e poco erotico nei confronti di Marisa. Lei non lo capisce e domanda la consultazione, preoccupata per la salute del marito. Vuole soprattutto proteggersi dal rischio che lui cerchi «altrove» conferme della sua virilità. Leo non ci pensa nemmeno e quasi piange quando questa eventualità viene evocata.

Marisa da ragazza è stata investita da un'auto, che le ha fratturato il bacino e leso gli organi interni. In particolare, una lesione alla vescica l'ha resa per lunghi anni incontinente. Leo invece soffre di una colite dovuta allo stress. Anche se è molto emotivo e spesso piange, non riesce a tradurre i suoi sentimenti in parole. Viene da una ricca famiglia veneta ed è il terzo di otto figli. Era molto legato alla madre, al punto che quando lei è morta non ha avuto la forza di andare al funerale.

Leo e Marisa, così sensibili, hanno costituito una coppia ansiosa e vulnerabile fin dall'inizio. In particolare, lui si è attaccato alla moglie come a sua madre, considerando ogni forma di autonomia come un rischio per entrambi. Fanno tutto insieme e lui la protegge perché lei è malata, mentre lei lo protegge perché è fondamentalmente insicuro. In questa «doppia protezione» prevalgono dunque i sentimenti di tenerezza; il litigio è totalmente assente e l'erotismo è un lusso affettivo. Il colloquio con lui (in presenza di lei, dato che ha rifiutato di venire da solo) permette di capire che ha paura di ferirla con la sua erezione: la percepisce ancora come molto fragile, per l'incidente che ha subìto. Per Marisa, invece, l'erezione di Leo ha un valore simbolico: significa che lei è ancora desiderabile, malgrado le sue lesioni interne.

L'impotenza erettile, senza causa organica, di Leo è soltanto la punta dell'iceberg della sua difficoltà a trovare la «giusta distanza» all'interno della coppia. L'emotività che prova nei confronti della moglie, e che si esprime anche nella sua impotenza sessuale, è la stessa che gli ha provocato la colite. Aiutare questa coppia a considerare l'autonomia un viatico di guarigione e non un tradimento sarà quindi la nostra strategia terapeutica.

In altri casi, l'ansia di coppia è di tipo diverso, ma finisce per agire negativamente su entrambi i partner. Giuseppina ha 33 anni, due figli piccoli e un marito cinquantenne. È ingrassata di una quindicina di chili con le gravidanze, e Rudi, il suo coniuge, non le risparmia le battute cattive. Lei, che ha investito tutte le sue energie nel ruolo di madre, si è sentita delusa dal partner, non solo per i suoi commenti poco gentili, ma anche perché il desiderio di lui è andato progressivamente calando, finché, per tre mesi, ha evitato i rapporti sessuali.

Giuseppina, più che ansiosa, è angosciata: parla in fretta, vive le emozioni a fior di pelle e ha sofferto nell'adolescenza di bulimia alimentare. Ha combattuto il rischio di sovrappeso con un'attività fisica frenetica come giocatrice di pallavolo. Ma ora, come spesso capita negli sportivi «a riposo», è ingrassata. Anche perché, quando è nervosa, risorgono in lei i vecchi attacchi bulimici: ricorre alla cioccolata per calmarsi e, a volte, si alza di notte per cercare nella dispensa «qualcosa di dolce».

In consultazione Giuseppina parla molto e ascolta poco. Insiste in modo concitato sulle carenze sessuali del marito. La stessa angoscia che l'attanaglia, però, l'ha anche salvata: perché, invece di rinunciare, ha obbligato il marito a una spiegazione faccia a faccia, attraverso la quale Rudi ha finalmente confessato recenti avventure extraconiugali.

L'evoluzione ulteriore del colloquio ha dimostrato che questa crisi non ha rovinato il loro matrimonio, ma è l'espressione del fatto che sono entrambi «maldestri». Rudi è uomo piuttosto sensibile ed emotivo, un ansioso che tende però a tenere tutto dentro (anche se magari, durante la consultazione, gli tremano le mani...). Una volta rivelato il tradimento alla moglie, si è sentito come liberato e ha ripreso con lei una vivace attività sessuale, che ha reso superfluo il bilancio andrologico che avevamo previsto.

Rudi ha confermato che il suo calo di libido era legato inizialmente all'aumento di peso della moglie, ma anche al fatto di sentirla sempre più recriminante e insoddisfatta. Questo gli creava un'ansia di prestazione, inducendolo così a evitare i rapporti sessuali; prendere l'iniziativa diventava per lui sempre più difficile. Si è quindi creato, tra l'ansia di Rudi e l'angoscia di Giuseppina, un circolo vizioso, che ha rischiato di spezzare una coppia tutto sommato ancora solida. Nel corso di una breve terapia di crisi è stata rimessa nella corrente la barca della loro vita, che si era temporaneamente insabbiata. Persiste solo la tendenza alla bulimia di Giuseppina, che è uno dei modi in cui lei esprime la sua angoscia, e che potrà essere affrontata con una terapia centrata sul disagio alimentare, come quella di cui parla la psicoanalista Pierrette Lavanchy;[4] o magari entrando in uno dei gruppi di auto-aiuto nati in questi ultimi anni, come quelli dall'Aba, un'associazione fondata proprio da Fabiola de Clercq,[5] ex bulimica e anoressica.

Quando l'ansia diventa malattia

Raffaele, con cui gioco a tennis, è un amico simpatico e anche molto ansioso. Così, quando ci vediamo per le nostre partite, devo evitare attentamente di parlargli delle situazioni difficili che ho incontrato in ospedale, altrimenti Raffaele, rapidamente, le fa proprie. Comincia a sentire un dolore retrosternale, e allora si moltiplicano gli elettrocardiogrammi di controllo. Se gli racconto di un paziente con insistenti svenimenti e vertigini, forse segno di qualcosa di più preoccupante, Raffaele si convince di avere un tumore al cervello e prenota una risonanza magnetica. Quando deve prendere un farmaco, legge attentamente il foglio illustrativo, si angoscia per i possibili effetti secondari e, alla fine, decide spesso di farne a meno! Insomma, è un vero ipocondriaco. E, come tutti i malati immaginari, finisce per rendere difficile la vita a chi gli sta accanto, preoccupato com'è di ascoltare possibili sintomi, controllarli sull'enciclopedia medica, e credersi già incurabile quando non ha assolutamente motivo di preoccuparsi.

Ma, ipocondriaci a parte, l'ansia può trasformarsi davvero in malattia. Innanzi tutto può presentare una somatizzazione in disturbi neurovegetativi multipli: palpitazioni, sudorazione eccessiva, bisogno frequente d'urinare, emicranie e vertigini, oltre a crampi e tensioni muscolari eccessive, che provocano uno stato di fatica. Può indurre anche difficoltà nella concentrazione, insonnia o alterazioni del sonno, agitazione permanente. Può sfociare in una bulimia che, come abbiamo visto, è la traduzione di angosce insostenibili. Può «rendersi visibile», come sottolinea acutamente il dermatologo Roberto Bassi,[6] in malattie della pelle di natura psicosomatica: pruriti, eczemi, dermatiti. Non a caso, qualcuno ha detto che la pelle è lo specchio dell'anima. Infine, l'ansia può provocare anche tachicardia e disturbi cardiaci.

A questo proposito, una paura tipica delle persone che

hanno sofferto di infarto è quella del «coito fatale». Milioni di cardiopatici continuano a ritenere che il sesso sia dannoso per il cuore, al punto che eccessi erotici possano causare la morte. Secondo Scheingold e Wagner,[7] dell'Università di Washington, dopo un infarto molte preoccupazioni si concentrano sul rischio di riprendere i rapporti sessuali. L'astinenza forzata che ne deriva è spesso iatrogena, indotta cioè da medici sessuofobi.

Una ricerca[8] condotta a Ginevra su 100 pazienti intervistati un anno dopo l'infarto ha dimostrato che 34 di loro, senza ragioni mediche, non avevano ripreso l'attività sessuale. Inoltre, nell'insieme del gruppo, la frequenza media dei rapporti era passata da 5,2 a 2,7 al mese. Le motivazioni indicate sono state, in ordine di frequenza decrescente: diminuzione della libido, depressione, paura di recidiva, timore espresso dal coniuge, crisi persistenti di angoscia con dolore toracico e difficoltà respiratorie. Questa ricerca ha mostrato quindi che le cause principali della diminuzione dei rapporti erano di ordine emotivo e non fisico: i pazienti, infatti, sono stati sottoposti a test da sforzo e ad altri controlli della loro attività cardiaca, che hanno confermato che, in condizioni psicologiche e ambientali favorevoli, l'attività sessuale non è più dannosa di una comune attività quotidiana. In conclusione, il cardiopatico e il suo coniuge hanno tutte le ragioni per essere ottimisti, purché non si imponga loro né la castità forzata di un grande invalido né gli sforzi di un atleta.

Fobie e attacchi di panico

In alcuni casi, che esulano dalla finalità di questo saggio, l'ansia non viene somatizzata, quindi non crea disturbi fisici, ma si organizza in atteggiamenti psicopatologici chiamati «fobie» o, nei casi più gravi, «attacchi di panico», che, come ricorda la psicologa Elaine Sheehan[9] in un libro dedicato a questo argomento, nell'insieme colpiscono una percentuale tra il 2 il 4 per cento della popolazione.

Le fobie consistono in una paura incontrollabile di uno specifico oggetto, oppure di certe attività o situazioni, che devono essere evitate a tutti i costi. Si tratta essenzialmente di fobie di contatto (per esempio, per certi animali) e di fobie dello spazio, vissuto come troppo largo o troppo stretto. E quindi «agorafobia», o paura degli spazi aperti, nel caso di chi non tollera di stare in una grande piazza; «claustrofobia», o paura degli spazi chiusi, nel caso di chi non riesce a prendere l'ascensore, né a entrare in un tunnel o in un cinema sovraffollato. E poi paura di volare, del sangue, dei cavalli, dei topi, dei ragni... A volte sono, come le ha definite la psicoterapeuta Gianna Schelotto,[10] «piccolissime paure», ma dietro il terrore per il buio o per gli insetti ci sono vite sospese e drammi intimi. Queste forme di organizzazione psicopatologica dell'ansia, poi, possono rendere la vita difficile non solo a chi le vive, ma anche a parenti o amici, che finiscono per esserne tiranneggiati.

Per Ida la situazione è ancora più complicata. Non sopporta più il marito, e da dieci anni ripete che lo lascerà; ma sopporta ancora meno di dormire o di viaggiare da sola, perché ciò le crea insostenibili angosce. Quindi continua a vivere con lui e a rendergli la vita impossibile, disperandosi perché non trova una via d'uscita.

Negli ultimi dieci anni la psichiatria ha identificato un'altra sindrome particolare, chiamata «attacco di panico». Ne è stata ipotizzata anche un'origine biologica, che interesserebbe la zona limbica. Si può combattere attraverso alcuni farmaci: tranquillanti (benzodiazepine) e antidepressivi della nuova generazione. Ma anche attraverso tecniche di rilassamento e altre strategie più «dolci».

Gli attacchi di panico corrispondono più o meno a quelle che un tempo venivano definite «nevrosi d'angoscia», cioè forme d'ansia che esplodono in maniera disorganizzata, senza potersi canalizzare in una fobia precisa, che invece, in un certo senso, permette all'individuo di vivere sufficientemente bene, purché eviti la situazione che gli crea angoscia (basta che il claustrofobico, per esempio, eviti gli spazi chiusi...).

Gli attacchi di panico, descritti da chi li prova come momenti in cui si ha la sensazione di precipitare in un buco nero e di sentirsi dentro un angosciante abisso di vuoto, sono sempre più diffusi. Tant'è che è nata recentemente un'associazione, la Lidap (Lega italiana contro gli attacchi di panico), fondata da un'ex malata, Valentina Cultrera, che cerca di risolvere questo problema anche con gruppi di auto-aiuto.

Che si trasformi in fobie o in attacchi di panico, l'ansia può incidere pesantemente sul benessere individuale.

Lo dimostra il caso di Anna, che ha 25 anni e ha avuto da poco un figlio. Nonostante la sua fosse una gravidanza desiderata (sia da lei che dal marito), ha avuto continue crisi di panico. Oltre alla nausea dei primi mesi, che era particolarmente forte e che le impediva di condurre una vita normale (è calato il suo rendimento professionale, e quest'inverno ha dovuto rinunciare ai weekend sulla neve, la sua passione), si sentiva infatti «incastrata» in una maternità arrivata forse troppo presto.

Anna e suo marito si sono conosciuti da poco: un colpo di fulmine seguito da un rapidissimo matrimonio. Hanno pensato, altrettanto velocemente, di fare un figlio, e lei è rimasta incinta subito. A questo punto ha cominciato a sentirsi «soffocare», le mancava il respiro, veniva presa dall'angoscia, e si chiedeva se fosse giusto creare una famiglia con un uomo che tutto sommato conosceva appena.

Anna è una donna ansiosa, che ha sempre sofferto di claustrofobia. Si sente a disagio nei luoghi chiusi, non va volentieri al cinema e fa molta fatica ad attraversare gallerie, sia in treno sia in macchina. Questa impressione di essere soffocata si è «trasferita» sulla gravidanza. Una sensazione del genere, paradossalmente, non era tanto dovuta alla pancia che stava crescendo, appesantendola e rendendole difficile muoversi; quel che le pesava erano gli aspetti psicologici di un evento ormai ineluttabile. Ed è stata proprio l'inevitabilità di quello che stava accadendo che ci ha dato la chiave per capire l'angoscia di Anna. Ma bisogna tornare al suo passato, alla sua famiglia d'origine. Anna era molto legata al fratello, che soffriva di una distrofia muscolare progressiva che ne bloccava i movimenti. Lei ha molto sofferto, assistendo impotente al suo lento deperimento. E così ha proiettato inconsciamente sul figlio in arrivo le sue antiche paure.

Le abbiamo consigliato una «psicoterapia di crisi», che l'ha aiutata nei nove mesi di gravidanza, facendole superare gli attacchi di panico. Il parto è avvenuto senza difficoltà, anche se alla fine si è optato per un taglio cesareo. Ora stiamo cercando di aiutare Anna a non spostare sul bambino, almeno per i primi mesi, la sua paura di essere «bloccata». Le persone che soffrono di claustrofobia, infatti, vivono le loro paure anche quando si sentono soffocare affettivamente. Da qui il senso di claustrofobia che Anna ha proiettato sulla gravidanza e sul suo matrimonio.

Timidi e paurosi

In questi casi l'ansia, sviluppata nel corso degli anni, diventa un comportamento o addirittura un tratto del carattere.

Ci sono innanzi tutto i timidi che, come sottolinea lo psichiatra Fausto Manara,[11] hanno tuttavia il fascino della loro ritrosia e sensibilità. Che non è poco, in un mondo spesso eccessivo, arrogante e sfacciato. Manara, nel suo libro dedicato a questo sentimento, ne fa un po' anche l'elogio: in una società che straripa di efficienti e vincenti, giocare con la propria timidezza, accettarla e non mascherarla, può rappresentare addirittura una risorsa in più nel rapporto con gli altri. E anche dal punto di vista sentimentale, alcuni di questi timidi, passato il primo impatto, se inseriti in un contesto favorevole possono diventare partner affidabili.

Ci sono però anche casi meno positivi, in cui le persone,

più che timide, sono malate di paura: dell'intimità, o della vita di relazione. Vediamoli, con l'aiuto di tre casi clinici al maschile.

L'imbranato sentimentale

Lino ha 20 anni e mi ha confessato di non essere ancora riuscito a conquistare il cuore di una ragazza. Ogni volta che ne conosce una, non riesce mai a combinare un appuntamento tale da avviare un rapporto sentimentale, che all'inizio potrebbe anche essere soltanto un'amicizia. Mi ha chiesto consiglio. E io, innanzi tutto, l'ho confortato: la sua timidezza gli permette comunque di fare il primo passo, e questo non è poco. Conosco dei grandi timidi che arrossiscono soltanto pensando alla persona amata, o che si pongono in condizioni di fallimento preventivo. Durante una festa si mettono nel posto sbagliato, o aspettano troppo, finché qualcun altro invita a ballare la persona desiderata. Non mi sembra il caso di Lino, dato che riesce a stabilire il primo contatto. Ma cosa gli succede, dopo? Probabilmente è troppo serio e preciso, e non lascia abbastanza spazio alla fantasia e all'improvvisazione. Eppure, le donne oggi domandano all'uomo di essere sorprendente, più che particolarmente bello o ricco!

Un altro errore piuttosto frequente negli uomini consiste nel parlare solo di argomenti che piacciono loro, o nei quali si sentono competenti (un esempio: il calcio o i computer), dimenticando che a volte non interessano per niente la partner. Tutti i grandi seduttori sanno invece che il loro successo è fortemente legato alla capacità di essere (o apparire) interessati al mondo della donna da conquistare...

Un altro segreto consiste nel creare pretesti onorevoli per continuare la relazione fin quando possa sfociare in una storia d'amore. Condividere uno sport, la passione per il cinema o la fotografia, è senz'altro una preziosa strategia di supporto. Accessibile anche ai più imbranati e ansiosi.

Infine, agli uomini esitanti resta un'ultima soluzione: farsi scegliere da una donna molto più decisa di loro, che prenda in mano la situazione e li porti all'agognato incontro sentimentale. Ho rivisto dopo tanti anni alcuni compagni di università, molto studiosi e molto timidi, che consideravo improponibili nelle vesti di marito. Quasi tutti sono stati scelti da donne energiche e decise, dominanti in molti aspetti della loro vita coniugale, che non dev'essere poi così infelice se dura da oltre vent'anni.

Lo sportivone

Il quarantenne Manfredo, dopo essere stato un buon giocatore di tennis, è diventato l'allenatore e il manager di una campionessa, che segue nei vari tornei. Ha una vita sociale intensa, ma tutta «di superficie», e legata soprattutto al suo lavoro. È circondato, più che da veri amici, da persone che frequenta per affari; va molto al ristorante, ma per discutere di eventuali sponsor. In questo Manfredo se la cava abbastanza bene, perché riesce a mascherare la sua paura dell'intimità. Ha sposato a vent'anni una compagna di scuola; con lei ha avuto una vita sessuale intensa, il che non gli ha impedito numerose avventure senza futuro.

È senz'altro un immaturo affettivo, un adolescente quarantenne. Il suo tallone d'Achille sono però i rapporti con i figli, dato che Manfredo, a parte il tennis, non sa cosa fare con loro, né di cosa parlare. Tra l'altro, recentemente, Manfredo e la moglie hanno deciso di divorziare, per cui hanno fatto vacanze separate. Lei ha sempre avuto un ottimo rapporto con i figli; mentre lui, dopo una settimana, ha trovato una scusa per interrompere le vacanze. Non sapeva come comportarsi, soprattutto con la figlia; trovava le giornate lunghissime e noiose. Così, incapace di gestire la situazione, è tornato con loro in città.

Attraverso il rapporto con i figli è emersa dunque la sua ansia relazionale, mascherata da una vita sociale superficiale. Il grande amico di Manfredo è il telefonino, che gli permette di non essere solo, ma anche di evitare contatti veri con la gente. Credo che tema in particolare un'intimità più profonda con il mondo femminile. Meglio quindi gli amici del bar e dell'ambiente sportivo, decisamente meno impegnativi.

L'inibito

Umberto è stato sempre timido e inibito. Ora ha 35 anni, e da due sta con Lucia, e finalmente l'erezione, che era completamente assente nelle esperienze precedenti, comincia a fare la sua apparizione. Merito anche di Lucia, una quarantenne comprensiva e accomodante, che accetta di buon grado il petting e lo scambio di piacere senza «pretendere» la penetrazione, giunta così un po' per caso.

L'erezione insufficiente di Umberto è solo la punta dell'iceberg. Nato in una famiglia agiata, è cresciuto con la madre e con la zia, dato che il padre è morto in un incidente sul lavoro. Si ricorda di lunghi giochi solitari nella loro villa, con un grande giardino. Il primo giorno di scuola è stato traumatico, e ha marcato l'inizio di una fobia sociale nella quale Umberto ora annaspa. Da adolescente, appena incontrava una ragazza si aggrappava a lei come un cucciolo randagio, che chiede di essere accettato e accolto. Chiaramente le ragazze, che preferivano l'uomo più cane lupo o dobermann, lo lasciavano rapidamente.

La sua attività sessuale si è limitata in passato a un assiduo autoerotismo, che praticava pensando alle ragazze che incontrava in tram. Progressivamente le sue fantasie si sono orientate anche in senso masochista, attraverso giornali porno. Una volta ha deciso di provare il sesso a pagamento, e alla prostituta ha chiesto di essere legato e frustato; ma ha trovato l'esperienza deludente e si è convinto che questa non era la sua vera natura. Umberto soffre in realtà del problema inverso, impossibilitato com'è a esprimere una aggressività d'affermazione basata su un'insufficiente autostima. Confonde dunque aggressività costruttiva e sadismo, e finisce per reprimere ambedue, rifugiandosi in un'inibizione passiva. La difficoltà di erezione, per la quale viene in consultazione, dipende direttamente da questo, giacché l'ansia che lo attanaglia gli impedisce di sviluppare un'aggressività virile e d'affermazione, sia in ambito sentimentale sia professionale e sportivo. Umberto è un ricercatore scientifico; lavora isolato nel suo laboratorio, e a malapena rivolge la parola ai colleghi. Non pratica nessuno sport. E fino a quando non ha conosciuto Lucia è vissuto di sporadici incontri sessuali poco riusciti.

Credo che un rapporto terapeutico, di preferenza con un uomo che serva da guida e favorisca l'identificazione maschile, potrà aumentare la sua grinta. Ciò lo porterà anche a un miglioramento dell'autostima, della sua identità virile e, di conseguenza, della sospirata erezione.

Per vivere meglio

Ansiosi, timidi e paurosi irradiano attorno a sé un'atmosfera di tensione. Ma aiutarli a superare le loro crisi e a reagire più serenamente è possibile. Vediamo come, con un piccolo decalogo di pronto intervento.

1. *Evitare gli argomenti che provocano ansia.* In altri termini, fare esattamente il contrario di quello che fanno i mass media, che, per catturare il pubblico, mettono l'accento sull'attualità più drammatica e inquietante. Non a caso alcuni terapeuti sconsigliano ai loro pazienti ansiosi di guardare il telegiornale. Per un ansioso, infatti, evocare un pericolo è gia un po' viverlo e cominciare a soffrirne.

2. *Non coinvolgerlo in inquietudini personali.* Un agente di Borsa, che parlava delle recenti turbolenze delle azioni con un amico con cui giocava a golf, ha provocato in lui la paura e l'intima convinzione che stesse perdendo tutti i suoi soldi. Questi si è affrettato a finire la partita per cercare al telefono il suo banchiere. Quindi, meglio non gettare sull'ansioso l'ombra di altrui preoccupazioni: ne ha già abbastanza di proprie.

3. *Dimostrargli di essere affidabili.* Dato che l'ansioso (un po' come il paranoico) vede il pericolo dappertutto, non dategli nessun appiglio per convincersene ancora di più. Non arrivate in ritardo, rispondete alle telefonate, siate precisi e poco vaghi nel rispondere alle sue domande. Ed evitate l'inutile ironia sulle sue debolezze e piccole manie.

4. *Evitare di sorprenderlo.* Arrivare a casa all'improvviso, fargli uno scherzo, o essere semplicemente imprevedibili può provocare un soprassalto di panico, dato che il sistema d'allarme dell'ansioso scatta al minimo segnale. Una giovane moglie che si era messa un vestito molto trasparente per una cena a casa, aveva ottenuto l'effetto contrario: il marito, invece di essere eccitato, si era domandato inquieto se fosse stato deludente la sera prima, tanto da «costringerla» a mettersi un abito osé!

5. *Rassicurarlo, dimostrandogli che il suo parere conta.* Sono soprattutto i timidi, poco sicuri di sé, che non osano esprimersi. E quando lo fanno, si autosvalutano, iniziando ogni discorso con un preventivo «Forse non ti interessa...» o «Forse non sarai d'accordo...». L'importante, quindi, sia che si tratti del partner o di un collega che non osa intervenire durante una riunione, è rassicurarlo, e dimostrare interesse per quello che dice. Probabilmente dovrete ripetere l'operazione più di una volta, per convincerlo che siete sinceri.

6. *Suggerire la strategia dei piccoli passi.* L'ansioso, quando va nel panico, tende a generalizzare e a vedere tutto nero. Quindi se volete aiutarlo, in qualsiasi progetto, proponetegli la strategia dei piccoli passi: deve imparare ad affrontare un problema alla volta, senza cadere nella trappola del «non ce la farò mai». Questo vale soprattutto nei rapporti di lavoro, anche per evitare che il collega o il collaboratore ansioso mandi in tilt un intero ufficio, o si spaventi inutilmente di fronte a un compito per nulla arduo.

7. *Non innervosirsi.* L'ansioso, il timido o la personalità esitante alla lunga fanno perdere tempo e soprattutto irradiano intorno a sé una tensione che può innervosire anche

la persona più tranquilla. Ho avuto come segretaria una persona timida, che non tollerava i pazienti aggressivi e invadenti. Per evitare conflitti li accettava tutti, anche negli orari che non mi andavano bene. Mi sono, a torto, innervosito, fino a quando non ho capito il meccanismo e ridefinito regole più precise per la consultazione.

8. *Non farsi schiavizzare.* Le persone ansiose cercano sempre di coinvolgervi nelle loro strategie di prevenzione del rischio. Possono così condizionare le vostre vacanze impedendovi di prendere l'aereo, o boicottando una vacanza alle Seychelles, perché quindici anni fa ci sono state delle turbolenze politiche. Lo stesso vale in campo professionale: non lasciate che un socio ansioso condizioni progetti in corso o l'apertura di nuovi orizzonti lavorativi.

9. *Non trasformare il timido in Cenerentolo.* Molte persone timide e insicure farebbero qualunque cosa per essere accettate. Se incontrano un partner tirannico, o un capo cinico e opportunista, questo sentimento di inferiorità può cronicizzarsi, lasciandole nella convinzione di non meritare di più. E quindi subiranno – soffrendo – ingiustizie pubbliche e private. È dovere morale delle persone più mature non approfittare di questa situazione.

10. *Convincerlo a curarsi.* Per quanto riguarda gli ansiosi e i drammaticamente timidi, ci sono varie forme di psicoterapia, che offrono notevoli possibilità di miglioramento e di guarigione. Le loro potenzialità psichiche non sono esaurite, ma covano sotto la cenere, in attesa di essere meglio utilizzate. E chi soffre di attacchi di panico può sicuramente beneficiare di un trattamento farmacologico accompagnato da una terapia mirata, o sperimentare il sostegno di un gruppo di auto-aiuto. L'importante quindi, se vivete accanto a una persona con questi problemi, è spingerla a trovare la cura più adatta.

V

I depressi

«Io sono il mio nemico.» Potrebbe essere questo il motto della vita di Isabella. Dopo aver subìto l'ennesimo torto sul lavoro, anzi arrabbiarsi o difendersi si è rinchiusa nell'autocommiserazione, diventando così il capro espiatorio di un errore professionale commesso da tutto l'ufficio e, in particolare, dal suo superiore. Non è la prima volta che le capita. Isabella ha preso dalla madre un «naturale» pessimismo. In ogni situazione vede il lato negativo, per cui il suo umore è grigio e l'espressione del viso sempre triste. Per lei, il famoso bicchiere è sempre mezzo vuoto: invece di reagire passa il tempo a lamentarsi delle cose tragiche o semplicemente spiacevoli che le sono capitate, o che potrebbero capitarle. Anche durante i weekend, sembra «condannata» a giocare a tennis o ad andare in barca a vela, mentre in realtà il marito non la obbliga affatto a seguirlo. No, Isabella ha proprio difficoltà ad afferrare la contentezza. Trova che la vita sia dura e l'avvenire inquietante.

Detto in termini psicologici, Isabella possiede la cosiddetta «triade depressiva» di Beck.[1] Essa comprende:

– una visione negativa di sé: «Non sono all'altezza»;

– una visione negativa del mondo: «La vita è dura e ingiusta»;

– una visione negativa del futuro: «Le cose finiranno male per me e per i miei cari».

La depressione, di cui il comportamento di Isabella è una manifestazione, ha diversi gradi di intensità, e dev'essere innanzi tutto distinta dallo *spleen*, che potremmo definire come una tendenza alla melanconia esistenziale. Quest'ultima non va ritenuta patologica a priori, ed è spesso alla base della creatività. Penso a Cesare Pavese, che scrisse la bellissima poesia *Verrà la morte e avrà i tuoi occhi*, e poco dopo si suicidò, al *Grido* di Munch, in cui la depressione diventa immagine e colore, alle più struggenti canzoni blues: questo «male oscuro» spinge a dare voce al dolore e alla tristezza, trasformandoli in un'opera d'arte. Anche se sarebbe assurdo pensare che tutti i depressi siano creativi!

Ma quanti sono realmente i depressi, e che incidenza ha questo fenomeno? Secondo gli ultimi dati dell'Organizzazione mondiale della sanità, ne soffrono circa 350 milioni di persone in tutto il mondo, di cui 3 milioni in Italia. E sembra che colpisca soprattutto le donne.

La depressione dilaga, ma nel contempo cresce anche il bisogno di informarsi: pensiamo alla frequenza con cui se ne occupano i mass media, e al successo di un long seller come *E liberaci dal male oscuro*.[2] E si moltiplicano i libri rivolti al grande pubblico, che non solo cerca di capire questo disagio, ma vuole anche uscirne.[3]

È però difficile stabilire il numero esatto dei depressi nel mondo perché, come per gli ansiosi, c'è uno «zoccolo duro» rappresentato da chi soffre di una patologia psichiatrica grave e invalidante (come vedremo più avanti), circondata dalla nebulosa delle depressioni mascherate e degli stati depressivi «di reazione» a eventi esterni negativi. Per non parlare delle persone, purtroppo numerosissime, che più che depresse sono insoddisfatte e lamentose...

Non vogliamo però, in questo capitolo, affrontare il complesso argomento della depressione in quanto tale. Quello che ci interessa è capire quanto chi ne soffre possa condizionare l'ambiente che lo circonda: i familiari, i colleghi di lavoro, gli amici. Perché, purtroppo, il pessimismo è più contagioso dell'ottimismo. E, con tutto il rispetto per la loro sofferenza, i depressi possono far ammalare anche chi vivrebbe con il sorriso sulle labbra.

I volti della depressione

La depressione non ha età. Può presentarsi già nel corso della prima infanzia: ricerche recenti sugli orfanotrofi romeni hanno confermato le vecchie tesi dello psicoanalista René Spitz[4] sui bambini ospedalizzati, e cioè che il bambino ha bisogno di nutrimento materiale e di nutrimento affettivo. E quando mancano i sorrisi, gli abbracci, le carezze, tutti gli stimoli offerti dagli adulti (cioè quando si ritrova in orfanotrofio, oppure cresce accanto a una madre depressa), ne risente gravemente.

Più tardi, nel corso dell'adolescenza, la depressione si può esprimere attraverso sintomi mediati: disturbi comportamentali, difficoltà scolastiche, o disagi anche più gravi, come quelli legati all'alimentazione (anoressia e bulimia). Ed è in questo periodo che possono manifestarsi tentativi di suicidio.[5] Lo psichiatra dovrà quindi distinguere quelli più gravi, che corrispondono a un crollo delle difese psichiche, da altre forme che hanno soprattutto uno scopo dimostrativo, e che sono conseguenza di eventi intollerabili, come per esempio un tradimento sentimentale.

Nel corso della vita adulta, invece, possono comparire almeno tre tipi di depressione: reattiva, nevrotica e disturbo bipolare. Vediamoli insieme, con l'aiuto di alcuni casi clinici.

Depressione reattiva

Un lutto improvviso, un licenziamento, l'insoddisfazione professionale o la precarietà economica, un problema legale, un tradimento, l'atteggiamento insopportabile e pesantemente conflittuale del partner... sono purtroppo tanti, nella vita, gli eventi che possono scatenare una depressione.

Lo sa bene Saverio, 25 anni. I suoi genitori hanno divorziato quando lui era piccolo, ed è cresciuto praticamente con i nonni. Ha stabilito un buon rapporto soprattutto con il nonno, una persona positiva, allegra, un uomo di grande cultura e socievolezza, che ha sostituito la figura paterna assente. Il padre infatti, dopo la separazione, si è risposato e non si è mai interessato molto del figlio. Con la morte improvvisa del nonno, Saverio è sprofondato in uno stato di tristezza e di comprensibile depressione. Non riesce più a studiare, non ha più voglia di uscire con gli amici. Si sente improvvisamente privato del suo fondamentale riferimento affettivo. È una depressione che possiamo definire quasi naturale, e Saverio, che deve ora affrontare il dolore ed elaborare il lutto, riuscirà forse a superare anche senza l'aiuto di un terapeuta questo momento difficile, che sicuramente lo renderà più forte e maturo.

Cosa succede, invece, quando una depressione reattiva compare all'interno di un rapporto di coppia? In questi casi, a volte può essere difficile capire quale dei partner sia il vero depresso.

Milena, 40 anni, apparentemente molto energica, viene in consultazione per salvare il suo matrimonio, dopo che il marito Giancarlo, 42 anni, le ha confessato un flirt con una collega di lavoro. Milena e il marito svolgono la stessa attività professionale e hanno una complicata situazione finanziaria, della quale sono entrambi responsabili. Lui sembra disponibile a cominciare una terapia di coppia ma, dietro questa sua presunta disponibilità, emergono insoddisfazioni nascoste.

Giancarlo è sempre stato un uomo fin troppo coscienzioso e perbene (potremmo chiamarlo un «falso facile»), ma ha cercato di uscire da quella che lui definisce una crisi esistenziale, che in realtà è una depressione mascherata, concedendosi un flirt. Un'avventura senza futuro, tipicamente adolescenziale, che però in passato non si era mai concesso.

Milena, che nelle prime consultazioni appariva forte e decisa, con piglio quasi manageriale, a recuperare i valori della coppia, adesso ha esplosioni di rabbia che lasciano rapidamente il passo alla disperazione. Si sente sola, abbandonata. Non riesce a capire l'improvviso voltafaccia del marito, non lo riconosce più.

Milena e Giancarlo soffrono entrambi di una relativa rigidità di carattere, che impedisce loro di percepire la complessità dell'animo umano. Anche per compensare le difficoltà familiari reciproche, si sono costruiti a poco a poco una vita ragionevole e onesta. Ma ora, a quarant'anni, Milena si è trovata di fronte a una crisi imprevista. La sua personalità di base però è solida, e io le ho proposto di seguirla nella difficile gestione dell'evento. Non sono ancora in grado di valutare come evolverà questa coppia, ma a questo punto mi domando chi sia il vero depresso. Inizialmente sembrava lo fosse Giancarlo, che ha reagito alla sua crisi esistenziale con l'illusione che gli poteva dare un'avventura extraconiugale. Ora, però, sembra esserlo Milena, dapprima energica e adesso così angosciata da minacciare, durante le sue scenate, il suicidio.

Questi due casi, scelti tra molti altri, si situano nello spazio sfumato tra normalità e patologia. La depressione è un modo di reagire alle difficoltà o a eventi significativi della propria esistenza: alcuni individui lo fanno in maniera aggressiva o proiettiva, attribuendo ad altri la «colpa» di ciò che accade loro; le persone che soffrono di depressione cronica o reattiva, invece, hanno come tratto comune la spiccata tendenza a farsi carico di tutte le responsabilità, una specie di sindrome del «peccato originale». Per certo verso si potrebbe dire che, quando un depresso comincia ad accusare gli altri, è sulla via della guarigione...

Depressione nevrotica

Nelle persone che soffrono di questo tipo di depressione esiste, al di là di eventi esterni e congiunturali, una visione pessimistica della vita. Potremmo paradossalmente dire che ne soffriva anche Sherlock Holmes, vista la sua abilità nel cercare sempre il lato nascosto e negativo delle cose!

Anche la quarantenne Adele, che ha una laurea e un buon lavoro, non riesce a scrollarsi di dosso il suo pessimismo. Ha sposato Taddeo, un suo coetaneo, uomo sicuramente intelligente, ma con un brutto carattere, che ha finito per allontanare amici e colleghi. Dopo essere stato licenziato, non ha trovato di meglio, come antidepressivo contro la perdità del posto, che sedurre una segretaria dell'ufficio in cui lavorava, la quale, nonostante tutto, aveva continuato a idealizzarlo. Adele se n'è accorta e ha reagito con inutili scenate, che lo hanno ulteriormente allontanato da lei. Come in molti conflitti di coppia, è seguita una fase in cui si alternavano in maniera continua dispute e tentativi di riavvicinamento, che Taddeo rifiutava sul piano sessuale e accettava invece sul piano pratico, ben contento di servirsi dello stipendio della moglie per pagare i propri debiti. Quando la situazione si è deteriorata, ho cercato di far capire a Adele come lui la «vampirizzasse». Taddeo, infatti, voleva egoisticamente una tana (la casa coniugale) e il sostegno economico della moglie, ma al tempo stesso l'amore della segretaria. Ho cercato di spiegare a Adele che, essendo ancora giovane, poteva rifarsi una vita. E che, tutto sommato, il divorzio era un modo per liberarsi di una «palla al piede». Adele non ha seguito il mio consiglio: ha adottato uno stile lamentoso e si è chiusa in casa, diventando apatica e depressa. La crisi si è accentuata. Taddeo ha trovato un lavoro in un'altra città, ma non vuole che la moglie lo raggiunga, salvo durante alcuni weekend, forse per essere libero di vedere l'altra donna.

A mio parere, la situazione sta evolvendo in maniera catastrofica per Adele, la quale probabilmente si troverà ben presto senza marito e senza lavoro, poiché ha imboccato la via della regressione infantile: si è ammalata e minaccia di non lavorare più, per obbligare Taddeo a ritornare e occuparsi di lei.

La depressione nevrotica, in ogni caso, può assumere forme più o meno gravi. Il DSM-IV,[6] il manuale diagnostico usato dagli psicologi, opera una distinzione tra «distimia», una forma cronica di melanconia che dura almeno un paio d'anni, e «depressione grave», particolarmente invalidante. I sintomi di quest'ultima sono: umore triste e malinconico per buona parte della giornata (nell'arco di almeno due settimane), disturbi del sonno e dell'appetito, scoppi di pianto improvvisi, disinteresse per le attività preferite (anche per il sesso), difficoltà a prendere decisioni, sentimenti di inutilità, confusione, inquietudine, pensieri legati al suicidio.

Disturbo bipolare

Esula dai nostri scopi, infine, trattare in dettaglio la forma più grave di depressione, chiamata anche «sindrome maniaco-depressiva» o «disturbo bipolare». Le persone che ne soffrono alternano fasi di euforica iperattività (in cui parlano troppo in fretta, con un tono di voce molto alto, fanno acquisti in modo impulsivo ed esagerato, iniziano contemporaneamente molti progetti senza avere i mezzi per portarli a termine, diventano impazienti e agitati) a fasi di letargia paralizzante e avvilimento.

Vivere accanto a una persona che soffre di questo disturbo psichico è estremamente difficile. Ne sa qualcosa Carola, la cui vita è condizionata da una madre maniaco-depressiva, che ogni tanto scompare, va per una settimana alle terme, compra e vende appartamenti, cambia l'automobile, regala i suoi gioielli. La figlia cerca allora non solo di riportarla a casa, ma di risolvere anche tutti i problemi legali e bancari che vengono a crearsi. E che la madre, una volta ripiombata nella fase di melanconica apatia (in cui rimane a letto al buio, ritiene che la fine del mondo sia vicina e pensa seriamente al suicidio), non riesce ovviamente ad affrontare.

Questa forma di depressione è una vera malattia psichiatrica, che ha una chiara origine biologica, e deve essere assolutamente curata con un trattamento farmacologico (generalmente a base di litio).

Depressioni mascherate

È noto che molte malattie organiche sono strettamente legate alle condizioni psichiche, sia perché sono «somatizzazioni» di disagi psicologici, in cui il mal di vivere diventa un mal di testa acuto e cronico, sia perché, pur essendo di origine fisica, vengono «usate» inconsciamente dal malato per trarne vantaggi psicologici. Questo spiega tanto disturbi inspiegabilmente cronici, quanto guarigioni miracolose.

Prendiamo per esempio il caso di Jessica, una studentessa di 22 anni che, dopo aver sofferto per due anni di una cistite resistente a tutte le cure, viene mandata dalla sua ginecologa alla consultazione psicosomatica. Jessica ci racconta di aver sofferto di enuresi diurna fino a cinque anni e di enuresi notturna fino a dodici, allorché il disturbo scomparve bruscamente in coincidenza con il cambiamento di casa. Jessica ha poi continuato la sua vita senza problemi finché, due anni fa, con una banale cistite senza apparenti infezioni batteriche, il vecchio disturbo è ricomparso e da allora non smette di tiranneggiarla. In altri termini, il problema è progressivamente uscito dalla sfera medica, condizionando pesantemente la sua vita sociale e affettiva. Jessica, infatti, non solo deve interrompere le lezioni all'università per andare in bagno – e un weekend con gli amici per lei è fonte di imbarazzo –, ma rischia anche di mandare all'aria la sua vita sentimentale. Ha una storia con Adalberto, giovane medico milanese di 26 anni, e la vita sessuale con lui comincia a essere disturbata dalla cistite. Una sera, dopo un litigio causato dal fatto che Adalberto, stanco dopo una guardia medica, si era addormentato invece di fare l'amore, Jessica ha scoperto il potere di rappresaglia che il suo disturbo le offriva. Ogni volta che si alzava per andare in bagno, finiva per svegliarlo, dopodiché lei si riaddormentava subito, mentre Adalberto, furente, rimaneva per un po' a guardare il soffitto.

Con Jessica abbiamo concordato una terapia basata sulla ginnastica perineale e su esercizi di rilassamento e di respirazione, per diminuire l'ansia che si è condensata nella zona genitale. Ha anche accettato di iniziare una psicoterapia, per capire le cause del suo disturbo. Nel suo caso, infatti, la cistite non è soltanto la traduzione corporea dell'ansia, ma anche la manifestazione di una depressione mascherata. Jessica, come del resto molte altre donne, non riesce a dire: «Sto male», ma preferisce dire: «Ho male». E delega a un problema fisico la funzione tradizionale delle lacrime. Imparare a piangere – e non essere più «obbligata» a fare continuamente pipì – sarà per Jessica un originale e utile progetto terapeutico.

Il vuoto affettivo

In questo malinconico catalogo di persone apatiche, lamentose o depresse, non bisogna dimenticare quelle che hanno un grande bisogno di affetto e portano dentro di sé un nodo irrisolto di tristezza, un vuoto interno che non è stato colmato nell'infanzia. Persone che mostrano, ben visibili e ancora dolorose, le ferite di chi non è stato amato.[7]

Maria, 28 anni, viene a chiedere un consulto psicologico, su consiglio della sua ginecologa, per uno stato depressivo e una sindrome premestruale così forte che per tre giorni al mese le impedisce di andare al lavoro. Ha una storia con un ragazzo della sua età che, con lei, è fin troppo paziente.

Nell'infanzia Maria si è convinta di non valere un granché, dato che la sua famiglia ha traslocato diverse volte senza nemmeno avvisarla e lei si è trovata sballottata da un appartamento all'altro senza sapere perché. Il sentimento di non essere rispettata si è rafforzato quando, a nove anni, ha subìto pesanti molestie sessuali da parte dello zio materno. Ne ha parlato con la madre, ma quest'ultima, sorpresa e probabilmente angosciata, ha minimizzato gli eventi. La madre di Maria ha sempre accettato molti compromessi con un marito rigido e tradizionale, convinto che, poiché lavora e porta a casa lo stipendio, ha il diritto di essere servito e riverito.

Maria, con un coraggio inconsueto, dopo alcuni mesi di psicoterapia e un miglioramento della sua depressione è riuscita a far venire i genitori con lei per una seduta. E ha cercato di spiegare il suo malessere, la sua delusione, quando ha visto che i genitori non la difendevano dopo aver saputo del suo incidente sessuale. Mentre la madre ha cercato come al solito di mediare e di salvare capra e cavoli, il padre, anziché preoccuparsi della figlia, ha cominciato a sbraitare, dicendo che Maria gli aveva creato sempre e soltanto problemi. E l'aveva fatto, secondo lui, anche questa volta, senza alcun riguardo per lui e per i suoi attacchi di tachicardia! Per questo padre, un «macho» latino tradizionale, è indispensabile che la figlia si occupi di lui, mentre è molto meno scontato il fatto che lui la debba proteggere e aiutare quando lei ne ha bisogno. Ha una personalità fortemente egocentrica e non riesce a mettersi nei panni degli altri. Non capisce quindi la sofferenza della figlia, e non sa aiutarla a sciogliere questi nodi del passato. Maria si è sentita defraudata non soltanto per gli abusi subiti, ma per il fatto che i suoi diritti non sono stati riconosciuti e difesi neppure dai suoi genitori.

Al contrario, la madre di Laura ha sempre esercitato nell'ambito familiare un ruolo di matriarca. Il padre, latitante ed evanescente, era spesso fuori casa, e la madre si rifaceva della sua assenza dominando i due figli con un'educazione autoritaria. Il più piccolo ha cercato la fuga nella droga, ed è purtroppo morto di Aids. Laura, 30 anni, si è occupata amorevolmente del fratello, sostituendo la madre, e si è sentita ingiustamente in colpa per la sua malattia e le sue sofferenze. Ha continuato a essere succuba della madre. Brava negli studi, ha però incontrato notevoli difficoltà in campo sentimentale, dal momento che sceglieva sempre uomini sbagliati, forse perché in realtà (questo era, in famiglia, un tacito accordo) doveva rimanere a disposizione della madre. Quando quest'ultima si è ammalata ed è poi rimasta paralizzata, Laura ha organizzato gli studi e il lavoro per poterla accudire. Questa madre difficile, anche quando non poteva più parlare, con uno sguardo riusciva a creare nella figlia sensi di colpa e di inadeguatezza.

Laura ha acquisito così la convinzione di essere cattiva e di dover espiare una colpa. Ha messo in atto meccanismi di sabotaggio, diventando bulimica e spendendo i soldi che guadagnava in acquisti folli ed esagerati: resisteva per un mese e poi, quando non ne poteva più, in un solo pomeriggio buttava al vento tutti i suoi risparmi. E tuttora il suo passato la schiaccia. Solo con una psicoterapia potrà ritrovare fiducia in se stessa e costruire progetti autentici per il futuro. Dovrà chiarire, almeno dentro di sé, il legame con questa madre egocentrica e colpevolizzante che, senza volerlo ma in maniera del tutto irresponsabile, ha probabilmente spinto il figlio sulla via della droga e ha portato Laura a dubitare profondamente di sé.

Le vittime del depresso

Cosa succede, nella coppia, se uno dei partner è depresso? L'effetto è esplosivo. Anche perché coinvolge tutti gli aspetti della vita a due: il quotidiano, l'intimità, la sessualità. Il desiderio erotico è in genere la prima cosa a scomparire in chi è depresso, e l'ultima a tornare.

Filippo Bogetto,[8] docente di psichiatria all'Università di Torino, durante un recente convegno ha spiegato quali possono essere le reazioni del partner «sano». Dapprima c'è l'identificazione con l'altro che soffre, la volontà di farsi carico del suo male di vivere. Quindi subentrano rabbia, frustrazione, senso di impotenza, di ribellione o di colpa, poiché il depresso mette l'altro alla sbarra. È la prova tangibile, quotidiana, della sua incapacità di rendere felice chi ama. Il «male oscuro», quindi, ha sempre una vittima (l'ammalato) e un ostaggio (il partner). Una persona, dunque, a cui il dolore psichico impedisce di vivere, di sentire, di guardare al futuro. E un'altra a cui si toglie il diritto allo scambio, al dialogo, all'intimità. Il partner sano, perciò, alterna desideri di soccorso a desideri di fuga. Si sente continuamente messo in discussione. E può venire a poco a poco contagiato dal male di vivere.

Un rischio, quest'ultimo, che non tocca solo il coniuge, ma anche i familiari di chi è malato: il padre, la madre, i fratelli, i figli. Mitch e Susan Golant,[9] nel libro *Che cosa fare se le persone a voi care sono depresse*, descrivono bene il pericolo che i parenti più prossimi corrono di scivolare nella stessa depressione. Secondo questi autori, malgrado la grande diffusione del Prozac, di terapie farmacologiche o di altri aiuti psicologici, solo il 30 per cento dei malati decide di curarsi. E questo rischia di scatenare una reazione depressiva a catena. O di provocare un «rigetto», un allontanamento, la cosa che più angoscia il depresso.

L'essenziale è comunque, come vedremo, non farsi fagocitare da chi sta male, perché, difendendo il proprio spazio vitale, si può stabilire con il malato una relazione più positiva che permette di aiutarlo davvero.

Questo è quanto ho consigliato a Margherita, che mi ha chiesto aiuto in una lunga, triste lettera: «Le scrivo per chiederle un sostegno, in una realtà di coppia che diviene ogni giorno più amara. Ho 32 anni, sono sposata da sette (sarà il momento della famosa crisi?) e ho un figlio. Mio marito ha 37 anni, una carriera importante, e ha sempre avuto un carattere rigido e intransigente. Il nostro è stato un grande amore, litigioso ma passionale; e i primi anni insieme sono stati molto belli. Abitavamo in un'altra città. Poi ci siamo trasferiti, e questo ha forse implicato un forzato adattamento di mio marito a un nuovo ruolo professionale, più tranquillo, meno coinvolgente. Da allora lui è cambiato. Negli ultimi mesi vede tutto negativo, inutile, deludente. Il nostro amore, secondo lui, non è più come una volta: è tiepido e non lo soddisfa. Abbiamo rapporti sessuali regolari, senza problemi. Eppure... Mi ritrovo accanto un uomo diverso, insoddisfatto di tutto (tranne che di suo figlio). Credo che soffra di depressione, ma non so proprio come aiutarlo; lui non vuole andare da uno specialista, né prendere farmaci, e in questo è irremovibile. È sempre stato iperattivo, pieno di interessi, ma ora la vita, per lui, sembra aver perso smalto. Io mi ostino a elencargli le sue fortune: gli ripeto che è un bell'uomo, sano, con una bella famiglia, una moglie che lo ama, un lavoro interessante e prestigioso. Insomma, una vita che molti invidierebbero. Ma lui continua a ripetermi: "È inutile, è tutto inutile... Sono un fallimento". Io a questo punto sono davvero logorata, stanca di lottare contro i mulini a vento della sua crisi. Lo amo, è l'unico uomo che abbia mai veramente amato (nonostante non mi siano mancate le occasioni). Ma ora, cosa devo fare? Vivo ogni giorno con lo stillicidio della sua apatia e della sua indecisione. Parla sempre come se non avessimo futuro. Non si può programmare niente, neanche una vacanza, perché, dice lui, chissà dove saremo...».

La lettera di Margherita fa emergere molto bene il contagio negativo che riesce a provocare un uomo che, senza apparenti motivi, ha perso il gusto di vivere. E la cui sofferenza rischia di travolgere anche la moglie. Lui è nel mezzo di una depressione e, come spesso capita, si ostina a non riconoscere il suo disagio, rifiutando quindi di aiutarsi. L'unica soluzione per salvare la coppia, però, è andare da uno psicoterapeuta: è questo che Margherita dovrebbe avere come obiettivo, anche a costo di esercitare una dolce violenza nei confronti del marito. Nel frattempo, può far leva sui sentimenti che entrambi provano per il figlio, o sul bisogno che questi ha del padre come guida. Dovrebbe insomma aiutare il marito a ritrovare, attraverso il ruolo genitoriale, quella forza e virilità che ha del tutto perso in ambito coniugale e professionale.

La depressione, come abbiamo detto, può colpire a tutte le età. Una fascia a rischio è però quella tra i cinquanta e i sessant'anni, che per le donne può coincidere con la sindrome del «nido vuoto» (o, all'opposto, del nido troppo pieno, se, oltre che dei figli che non se ne vanno, si devono occupare anche dei genitori anziani e malati), o con il pensionamento del marito, il quale magari, privato del ruolo che aveva in azienda, cerca di «riorganizzare» la famiglia esautorando la moglie, che a questo punto finisce per sentirsi superflua o inadeguata.

La storia di Lina, 60 anni, è ancora più complicata. Il marito Vincenzo ne ha 67 e, pur essendo in pensione, non è mai a casa. È un medico di famiglia che tutti i suoi pazienti adorano per la sua disponibilità. La sua sala d'aspetto è sempre piena, e lui è contento di essere circondato da molta gente che gli chiede aiuto e gli è riconoscente. Più che un medico tradizionale sembra un missionario, circondato da un'adorante tribù. La riconoscenza è dovuta in parte al fatto che Vincenzo lavora gratuitamente. Infatti, a sessantacinque anni ha lasciato l'unità sanitaria dove lavorava, ma dopo due anni da pensionato, non sapendo cosa fare di tutto il tempo libero che gli era «capitato addosso», ha ripreso la sua attività, senza compenso.

Ho incontrato Vincenzo a una trasmissione televisiva dove tutti facevano l'elogio della sua generosità e bontà, ma dietro le quinte la moglie ha fatto del suo «santo» marito una descrizione ben diversa. A casa lui si annoia, è depresso e si consola discutendo con la moglie dei casi che ha visto durante il giorno. Lei vorrebbe parlare d'altro, fare delle cose con lui (per esempio andare al cinema, la sua passione), ma è tutto inutile. Tanto è presente nel suo ambulatorio, quanto è psicologicamente assente a casa. L'intimità del nucleo familiare gli serve come tana in cui si riposa e recupera energie, ma dove non porta in cambio alcun nutrimento affettivo. Ne sanno qualcosa i figli che, obbligati ad accettare un'immagine pubblica di padre generoso, si scontrano, fra le mura domestiche, con una realtà molto più avara. In fondo, Vincenzo è una di quelle persone che fanno del posto di lavoro la loro casa, mentre considerano quella vera solo una tana. E, se sono obbligate a rimanerci, entrano in depressione coinvolgendo, in modo atipico a questo punto, il partner.

Deborah mi scrive che, data la sua cronica sfiducia negli uomini, a 28 anni ha avuto solo due storie d'amore, entrambe finite male. Il primo ragazzo l'ha sedotta con bellissime lettere, ma poi, raggiunto lo scopo, l'ha abbandonata senza una vera ragione. Dopo tre mesi, malgrado la cocente delusione, lei ha iniziato una relazione con Ivan, un ragazzo gentile, tenero e affettuoso. Il rapporto è andato avanti bene per un anno, anche se Deborah era più succuba che innamorata di lui, pronta a qualunque cosa pur di non perderlo. Purtroppo, Ivan ha subìto due pesanti colpi, uno dopo l'altro: è stato licenziato, poi ha temuto di essere malato di cancro. Da allora è diventato apatico, irritabile, scontroso e non la desidera più. Lei, preoccupatissima, non riesce più né a mangiare né a dormire, e si domanda se c'è ancora speranza per la loro relazione.

Credo che Deborah sia in parte complice ma, soprattutto, vittima della situazione. È complice in quanto non riesce a stabilire la giusta distanza nei rapporti. All'inizio è troppo diffidente, poi «casca come una pera», perdendo ogni senso critico in nome dell'ipotetico, non ancora dimostrato, grande amore. In altri termini, l'insicurezza e la depressione strisciante la rendono troppo dipendente dal partner, mentre anche la migliore intimità prevede spazi di autonomia. Questo suo atteggiamento le ha impedito di mantenere senso critico nei confronti degli eventi, fino a indurla a pensare di avere una qualche colpa nell'attuale crisi amorosa, quando è chiaro che è Ivan a essere entrato in depressione. La perdita del lavoro e il rischio di una grave malattia hanno minato la sua fiducia personale, e lui si è come ritirato in se stesso. L'irritabilità e la freddezza (anche sessuale) sono quindi legate al suo stato d'animo, non a una colpa di Deborah. È come se gli fossero saltati i fusibili, ma, invece di chiedere aiuto e attuare una sana collaborazione di coppia, si comporta come un animale ferito.

Cosa dovrebbe fare Deborah? Il contrario di quanto sta facendo ora. Non mangiando e non dormendo, infatti, non solo si rovina la salute, ma si rende anche meno appetibile agli occhi del suo ragazzo, che già la desidera a «corrente alternata». Deve invece recuperare le forze per poter proporre in maniera energica il proprio aiuto.

Per vivere meglio

Se vivete accanto a un depresso, ricordatevi che il comportamento che avete nei suoi confronti è fondamentale, perché può incidere in modo notevole sul processo di guarigione. Certo, reagire in maniera adeguata diventa una sfida: è infatti difficile capire davvero qualcuno che non riesce a uscire di casa, a leggere un libro, a fare quello che ha sempre fatto. Ecco allora come potete comportarvi per aiutarlo davvero. E che cosa dovete evitare.

Cosa fare

1. *Offritegli una comprensione autentica*, fatta di gesti e non soltanto di discorsi formali. Il depresso, anche se «allontana» e respinge le persone, è terrorizzato dall'idea di essere lasciato solo e abbandonato. Chiedetegli di spiegare che cosa prova, e ascoltatelo con disponibilità. Ma ponete anche, con fermezza, dei limiti: non trasformatevi solo in un «orecchio» per i suoi lamenti.
2. *Confessategli le vostre paure o incapacità*, così da alleviare il suo senso di inadeguatezza.
3. *Combattete il suo pessimismo* mostrandogli l'aspetto positivo delle cose. Aiutatelo insomma a vedere la sua situazione da un'altra prospettiva, spiegandogli che la depressione è anche il sintomo di un bisogno di cambiare.

4. *Suggeritegli dei progetti*, per ravvivare la sua curiosità. Molti depressi vedono il futuro in nero e si rifugiano in un passato idealizzato («Ai miei tempi... »). Invece di coinvolgerlo in compiti che non è in grado di sostenere, provate a proporgli attività per lui insolite, da cui possa trarre giovamento: corsi di yoga, pittura o espressività corporea.

5. *Aiutatelo a riconoscere le colpe altrui*, invece di ergersi a vittima sacrificale. Cioè, in termini psicologici, aiutatelo ad attivare una proiezione antidepressiva.

6. *Fate sì che non trascuri i rituali della vita quotidiana* (la colazione, il vestirsi con cura, il lavoro, una cena con gli amici). In questo modo eviterete che si isoli nel buio del suo malessere, e sarà più facile andare avanti in attesa che riappaia il sereno.

7. *Ricordategli che il suo stato di disagio è temporaneo*, non un'eterna condanna. E quindi incoraggiatelo a cercare un aiuto terapeutico, perché dalla depressione si può guarire.

Cosa non fare

1. *Non chiedetegli uno sforzo di volontà*, perché la depressione consiste in una paralisi della volontà, ed è proprio questo a far soffrire, a gettare nello sconforto. Quindi non spronatelo superficialmente ad agire, a uscire dal torpore: è una strategia che, il più delle volte, peggiora le cose. Frasi come «Non ci pensare», «Fatti un bel viaggio», «Trovati un hobby» servono più ad alleviare il proprio senso di impotenza che ad aiutare il depresso.

2. *Non sottovalutate il suo disagio*. Evitate frasi del tipo «Ma di che cosa ti lamenti?», oppure «Pensa a tutti quelli che stanno peggio di te». E non vergognatevi, di fronte a parenti e amici, della sua situazione: la depressione è una malattia.

3. *Evitate di farvi contagiare*, perché i depressi tendono a coinvolgervi nella loro visione pessimistica, che toglie la gioia di vivere, oltre alla capacità di aiutarli.

VI
I traditori

È fatale: nella vita ci capiterà di tradire e di essere traditi. L'attitudine all'inganno, alla slealtà, sembra essere tanto vecchia quanto lo sviluppo delle relazioni umane, sostiene la psicoanalista Phyllis Greenacre.[1] Vivremo quindi tradimenti lievi, subito perdonati; altri, irrimediabili. Voltafaccia politici o professionali, amici che si eclissano, partner d'affari che ci mandano in bancarotta... Ma, forse, i tradimenti che ci toccano più nell'intimo sono quelli sentimentali. E il mondo improvvisamente può andare in frantumi. Come la teiera rotta, e reincollata alla meglio, sulla copertina di *La metà di niente*,[2] il romanzo che racconta, con inusuale rabbia e lucidità, la storia di una moglie tradita e abbandonata.

I nemici della nostra felicità, allora, si nascondono in camera da letto.

In questo capitolo esamineremo gli attentati alla felicità legati alle complicazioni della vita a due, sia sessuale sia affettiva. Dalla scappatella episodica al tradimento «seriale», dalle passioni travolgenti ai nuovi triangoli: la difficile gestione della felicità sentimentale ed erotica che ci accompagna per tutta la vita.

La scappatella è un lusso?

Cecilia ha 38 anni e due figli che adora. Ha sposato a vent'anni il suo primo e unico uomo. Dice di amare il marito e la famiglia, e di essere anche sessualmente soddisfatta, nonostante lui sia sbrigativo nei preliminari e, soprattutto, non la corteggi più. Ma oggi mi scrive per sottopormi una questione di cui ha discusso con due amiche. In un primo tempo non aveva alcuna intenzione di rivelare questo dubbio così privato, ma dopo una serata al cinema con loro si è lasciata andare. Il film, *Conversazioni private*,[3] di Liv Ullmann, l'attrice preferita di Bergman, racconta, con tono drammatico e, appunto, «bergmaniano», del dilemma di una donna negli anni Trenta. La quale, avendo intrecciato da un anno una relazione extraconiugale, decide, spinta dallo zio, un pastore protestante, di confessare al marito la verità. Sono altri tempi, certo, ma la scena in cui lei gli racconta tutto, senza chiedergli perdono, anzi domandandogli di lasciarle vivere questa parentesi di riscoperta sensualità, è senz'altro memorabile.

Forse indotta dal film, Cecilia si confida con le amiche. Da sei mesi, racconta, è corteggiata da un cliente del bar dove lavora. Lui è paziente e premuroso, e, più che farle vere proposte sessuali, le offre tenerezza e attenzioni. Lei si domanda se cedere o meno: è sempre stata fedele al marito, ma è curiosa di verificare il proprio potere di seduzione.

C'è chi tradisce per noia o per rabbia, cercando distrazioni o vendette. Ma si tradisce anche per curiosità, per un bisogno eccitante di trasgressione o per trovare una soddisfazione complementare a ciò che è già presente nella relazione ufficiale. Cecilia sembra essere curiosa di esplorare almeno per una volta questi nuovi orizzonti.

La sua amica Caterina l'ha incoraggiata e le ha raccontato una sua avventura iniziata un po' per gioco e diventata poi una torbida passione, senza che ciò la portasse a trascurare il marito; anzi, la sera, dopo un pomeriggio passato con l'amante, si sentiva particolarmente ben disposta. La situazione si è deteriorata quando l'amante è diventato geloso e le ha chiesto di divorziare. Caterina ha invece confessato tutto al marito, chiedendogli di intervenire per frenare l'invadenza dell'altro. Cosa che lui ha fatto, calandosi volentieri nel ruolo dello sceriffo. L'avventura è finita dopo un anno e mezzo, e Caterina, abile nel gestire i suoi e gli altrui sentimenti, è pronta a consigliare all'amica la stessa esperienza.

Molto meno facile è la vicenda di Anna, che si è innamorata di un amico. Lo vede raramente e di nascosto ma, quando le due famiglie con i rispettivi coniugi e figli si incontrano, lei si sente a disagio nei confronti dell'altra donna. Questo segreto è per lei così angoscioso e colpevolizzante che la sofferenza predomina sul piacere. Però non riesce a lasciarlo; e questa avventura è diventata, più che una risorsa, un rischio affettivo.

Cosa si può suggerire quindi a Cecilia, con un pizzico di spregiudicatezza e forse anche di sano cinismo? Dato che non è facile darle un consiglio, le ho detto di meditare su questi tre punti:

a) L'adulterio è un lusso affettivo che non tutti possono permettersi. Bisognerebbe, come Caterina, saper gestire bene i propri impulsi e non farsene dominare.

b) Nella scelta di un amante, l'ideale sarebbe evitare accuratamente l'amico di famiglia, il vicino di casa, il collega di lavoro. Non bisogna certo seguire l'esempio di Anna!

c) Meglio non confidare mai ad amici (o ad amiche) queste esperienze. E qui, secondo me, sia Cecilia sia Caterina hanno commesso un errore.

Un ultimo consiglio riguarda in realtà gli psicologi, ed è quello di non prescrivere mai l'adulterio come forma di cura per le frustrazioni. No, quindi, al cosiddetto «tradimento terapeutico»! Però, davanti al racconto di un adulterio già avvenuto, è bene non colpevolizzare chi ha vissuto questa situazione, ma valorizzarne gli aspetti positivi.

I collezionisti

I più numerosi nel vasto gruppo dei traditori sono sicuramente i collezionisti. Ne parlo al maschile perché mi sembra che, ancora adesso, siano soprattutto gli uomini a soffrire di questa sindrome! Del resto, si sa: ci sono nature fedeli e anime vagabonde. E, senza far riferimento ai casi in cui la poligamia è culturalmente accettata, ci sono uomini che non possono vivere senza almeno due donne. Eccone alcune tipologie.

a) *I compulsivi*, che non riescono a «resistere» alla tentazione, ma per i quali già il secondo incontro è spesso una fastidiosa incombenza. Il più famoso ormai è Bill Clinton: un buon politico, e probabilmente un buon presidente, ma la sua ossessione erotica gli ha fatto dimenticare che l'opposizione è da tempo in agguato per coglierlo in fallo. Da un confronto con altri capi di stato che hanno vissuto amori extraconiugali, come i fascinosi Kennedy e Mitterrand, Clinton esce piuttosto malconcio. Le sue, infatti, non sembrano vere passioni, ma brevi avventure «usa e getta» che, forse proprio per questo, lasciano nelle donne coinvolte stati d'animo come rabbia e desiderio di rivalsa.

b) *Gli schizoidi*, che hanno diviso a metà sentimenti e affetti. Hanno spesso due donne, con funzioni diverse e complementari: una li accudisce e l'altra li sfinisce, una li aiuta ad accumulare soldi e l'altra li spende allegramente.

c) *I collezionisti veri e propri*, che accumulano in maniera disordinata le loro prede e che soddisfano bisogni diversi:

– c'è chi colleziona donne da *mostrare* agli amici, o che servono da copertura a un'omosessualità latente;

– c'è chi colleziona donne da *sedurre*, ma poi, al momento buono, una volta arrivato alla porta della camera da letto, le delude defilandosi;

– c'è chi colleziona donne da *consumare sessualmente*, in un rapporto rapido e anonimo;

– c'è chi ha la «sindrome del marinaio», cioè non si accontenta dell'amore di una sola donna, ma deve poter *approdare* in più di un porto accogliente e sicuro.

Per tutti costoro, il grande nemico è l'intimità condivisa. Attenzione, quindi, se una donna un po' ingenua ne trova uno sulla propria strada! Se non si illude che sia il grande amore, va tutto bene; altrimenti è a rischio la sua serenità... Spesso, tra l'altro, questi collezionisti sono molto facili da riconoscere. Ma c'è chi non vuole proprio accorgersi dei segnali di pericolo, e preferisce illudersi!

Anche Alessandra è stata vittima di un'illusione d'amore. A 38 anni ha scoperto che il marito Enzo ha una doppia vita. Egli, infatti, colleziona donne: amanti di lunga data, avventure occasionali, ragazze incontrate durante un viaggio in aereo e mai più riviste, e persino amiche della moglie. Già in passato Alessandra aveva avuto qualche sospetto, ma non pensava che il marito prendesse delle vere sbandate; era convinta che, in ogni caso, moglie e famiglia rimanessero per lui un punto fisso. Invece, nel corso dell'ultima crisi lui le ha confessato di avere avuto nella sua vita diverse relazioni. A 43 anni si considera un adolescente angosciato ed è convinto di non poter cambiare. Inoltre critica la moglie, rimproverandole di avere un carattere troppo forte e di voler gestire tutto: l'educazione dei figli, la casa, il denaro.

Perché Enzo si comporta così? Una risposta può venire dal suo passato. Era un pilota di rally molto promettente, ma un grave incidente ha chiuso la sua carriera a venticinque anni. Credo che questa specie di castrazione simbolica abbia accentuato le sue inquietudini naturali, obbligandolo, come tanti seduttori, a ripetute verifiche della sua virilità. Enzo viene da una famiglia modesta, dove non c'era comunicazione autentica e nella quale doveva mentire per evitare le punizioni dei genitori. Diventato adulto, ha mantenuto saldi due principi: primo, le bugie ti salvano la vita; secondo, la famiglia è un inferno e il bello si trova fuori di casa.

La nuova famiglia che ha creato con Alessandra ha costituito per Enzo una specie di «stampella psicologica», che lo ha aiutato dopo l'incidente. Ma non vi ha mai veramente investito affetti ed energie; al contrario, si è sempre considerato un adolescente che va a esplorare territori – soprattutto femminili – sconosciuti.

Da qualche anno, Enzo è capomeccanico di una scuderia di macchine da corsa. L'attività però non va molto bene e il suo successo professionale è a rischio. Malgrado ciò, invece di rientrare all'ovile, dove la moglie Alessandra è disposta ad accoglierlo, ha iniziato una nuova fuga in avanti. Paradossalmente è lui che vuole separarsi, convinto di essere in grado a quarantatré anni di ricominciare da capo, anche se la realtà lavorativa lo sta smentendo.

In questo momento, però, l'obiettivo della terapia è rinforzare la fiducia personale di Alessandra, per aiutarla a liberarsi dall'influenza di un uomo che l'ha gratificata, ma anche molto sfruttata, oltre che ripetutamente tradita.

A volte i collezionisti assumono un atteggiamento provocatorio e sfacciato, come Giulio, 41 anni, che cerca di convincere la moglie Marika che lui «deve» avere altre donne, perché lei non raggiunge l'orgasmo vaginale ma «solo» quello clitorideo, che lui trova monotono! In realtà Marika è una donna normale, mentre Giulio è un vero poligamo polimorfo. Ha da poco confessato alla moglie di avere un figlio di tre anni con un'altra donna; ora però vuole andarsene con la sua segretaria, che è pronta a occuparsi di questo bambino non suo, ed eventualmente adottarlo.

Anche dal punto di vista professionale, Giulio è confusionario: si occupa di vari business più o meno legali, passando dalla compravendita di terreni all'importazione di mobili esotici. Non ha mai avuto un posto di lavoro fisso e ha grosse difficoltà a impostare relazioni e rapporti non superficiali, ma la sua risposta a questa carenza è un puzzle affettivo e professionale. Oltre che un collezionista, dunque, Giulio è anche un inaffidabile!

I nuovi triangoli

Periodicamente si torna a parlare di coppie aperte, di partner che si lasciano reciprocamente libertà e spazio d'azione, di trasgressioni «legalizzate»... L'ultimo a proporre l'infedeltà «programmata e programmabile» è l'inglese

Kevin Leno,[4] sociologo del matrimonio, che in un libro recente fa l'elogio delle unioni aperte. A suo parere, il comportamento di queste coppie è l'unico modo per superare l'ipocrisia della promessa di fedeltà reciproca e per appagare il desiderio represso, risanando di conseguenza insoddisfazioni e frustrazioni coniugali.

Ma anche la coppia «infedele per scelta» è un'utopia. Certo, esistono relazioni complicate, che «inglobano» eventuali amanti e che, soprattutto se durano, si basano su meccanismi inconsci di complicità. In questo saggio, però, vorrei soffermarmi ad analizzare un genere diverso di soluzioni sentimentali, dove il partner non è complice ma vittima più o meno ignara o consenziente.

Lui, lei e gli altri

Vediamo il caso di Sergio, 66 anni, che è reduce da due divorzi e mi scrive: «Nonostante la mia età e i miei matrimoni falliti, mi sento sempre giovane ed entusiasta, come quando avevo vent'anni. Il problema è nella mia relazione attuale. Cinque anni fa, a un ballo, ho conosciuto una bella vedova di 57 anni, con cui ho cominciato una storia e con la quale faccio l'amore in modo veramente travolgente. Purtroppo, quando arriva l'estate, lei dice che sono solamente un amico e che sente il bisogno di "evadere" con altri uomini. Io ho scelto di stare nella mia tana a leccarmi le ferite. E se da una parte mi domando se devo smettere di vederla, dall'altra vorrei dare un calcio alla possessività e non essere più geloso!».

Il simpatico Sergio ha adottato una strategia che è, o perlomeno è stata, soprattutto femminile: ritirarsi nella propria tana e soffrire in solitudine. Un tempo erano prevalentemente le donne che tendevano a vivere l'abbandono o il tradimento da parte del partner come un evento ineluttabile. Sergio è la testimonianza dell'avvenuto cambiamento nei costumi e nelle abitudini sentimentali, visto che nel suo caso è la donna che chiede, anzi che esige, libertà sessuale.

Nella lettera, però, non appare chiara l'impostazione affettiva di questa relazione che dura da cinque anni, cioè bisognerebbe sapere se i due hanno una buona intimità intellettuale e affettiva, oltre che sessuale. Chiudere questa relazione, per lui che ha 66 anni, sarebbe sicuramente una grossa perdita e l'inizio di un'insopportabile solitudine, soprattutto dopo l'esperienza di due divorzi. Meglio quindi, per Sergio, aspettare che finisca l'estate, e poi vivere intensamente le altre tre stagioni!

Nella radiografia dell'infedeltà bisogna ricordarsi che ci sono alcuni tradimenti che si possono definire cattivi, fatti cioè «contro» il partner, che, a scopo di vendetta, viene punito e umiliato. Ma in questo caso mi sembra che si possa parlare di un altro genere di tradimento, quello che si compie «senza» l'altra persona, quindi meno grave, quasi uno spazio di immunità, una specie di extraterritorialità estiva. A Sergio, come alle altre persone che vivono storie di questo tipo, consiglio però di definire meglio le regole del gioco. Lui dovrebbe cercare di capire se la sua compagna ha effettivamente una sensualità ricca o se è piuttosto un'insaziabile ninfomane. Nel primo caso è meglio che se la goda, nel secondo che se la dia a gambe.

Questo è solo un esempio della nuova geometria dei sentimenti, nella quale il classico triangolo può nascondere alcune sorprese. Come vedremo nei prossimi casi.

Lui, lei e l'amica di lei

Emilio, dentista di successo, ha scoperto che la moglie Enrica aveva una relazione extraconiugale. L'irritazione si è trasformata in angoscia quando si è reso conto che il rivale si chiamava... Franca. Enrica non ha interrotto la sua storia, e ha in seguito divorziato da Emilio, che è rimasto a lungo «paralizzato» dalla scoperta di avere un rivale così insospettabile.

Lei, lui e un amante in famiglia

Maria, 24 anni, mi ha confessato la sua situazione sentimentale, decisamente complicata. Si dichiara «felicemente sposata», eppure da un anno vive quella che definisce «un'intensa passione erotica» con il compagno di sua madre. «E dire che quando l'ho conosciuto ero così felice per mia madre, e anche per me: mi sembrava il padre che non ho mai avuto, che ho perso quand'ero piccola...» mi ha raccontato. Il problema è che ora Maria ha scoperto di essere incinta, e il padre è l'amante. Tormentata, confusa, non sa cosa fare e mi ha chiesto aiuto.

Il caso è complicato e l'atteggiamento di questa giovane donna, a prima vista, facilmente condannabile. Maria ha infatti messo in atto un doppio tradimento: nei confronti del marito e della madre. Sicuramente bisognerebbe indagare a fondo su cosa l'abbia spinta a questo passo, capire quanto possa aver inciso il vuoto lasciato dal padre, analizzare il suo rapporto con la madre. Ma, in ogni caso, le ho dato un primo consiglio, cercando di evitare falsi moralismi. Maria ha già combinato quelli che eufemisticamente definirei «pasticci»: ora l'importante è non farne altri. Anche per evitare al figlio il rischio di crescere senza un padre, come è successo a lei. Le ho dunque suggerito di tenere per sé questo segreto (almeno per ora). Poi bisognerà che il patrigno si decida a esprimere, senza ambiguità, che cosa prova veramente per lei. E se Maria scoprirà che il loro rapporto non si basa solo sulla passione erotica ma su un'intesa più profonda, potrà allora rivelargli il segreto della sua paternità.

Lei, lui e i fantasmi gay

Elisabetta ha 30 anni ed è infermiera. Dopo tre anni di matrimonio e una figlia di un anno, ha scoperto che il marito Gianluca, un farmacista suo coetaneo, ha tendenze omosessuali.

A dir la verità non è stata una rivelazione improvvisa. Elisabetta e Gianluca si conoscono da quando avevano vent'anni. Lei allora già sapeva che Gianluca aveva subìto nell'adolescenza un'aggressione sessuale, che aveva influenzato il suo immaginario erotico, senza però orientarlo definitivamente verso l'omosessualità. Si sono messi insieme, ma lui ha avuto un'avventura gay, che ha molto ferito Elisabetta, tanto da indurla a troncare il rapporto.

Si sono rivisti solo quattro anni dopo. Lei aveva perso il posto di lavoro ed era entrata in depressione, lui si è rifatto vivo per aiutarla e proteggerla. Così la loro storia è ripartita. Si sono sposati ed è nata la bambina.

Ma recentemente, dopo che ha visto un film a tema gay, le fantasie omosessuali di Gianluca si sono riaccese. Lui e la moglie sono venuti in terapia, nel tentativo di salvare il loro matrimonio. Per il momento, dormono in camere separate. Lui, in realtà, vorrebbe continuare a fare l'amore con la partner, a patto che lei gli conceda la libertà di avere anche esperienze omosessuali. Ma Elisabetta ha rifiutato. Tra l'altro, peccando di eccessiva trasparenza, Gianluca ha rivelato alla moglie alcune sue fantasie erotiche omosessuali, e lei si è comprensibilmente bloccata, come se il terzo uomo fosse presente tra loro, e non solo nell'immaginario del marito. Gianluca ha anche ripreso l'analisi personale per capire meglio la sua identità profonda; Elisabetta, invece, dovrà scegliere se convivere o meno con le tendenze del marito.

Tante donne mi hanno detto che, se dovessero subire un tradimento, preferirebbero di gran lunga scoprire di avere una rivale piuttosto che un rivale. In questo caso, infatti, saprebbero quale arma usare per cercare di recuperare il coniuge. Anche Elisabetta la pensa così, mentre solo una minoranza di donne sembra vivere le esperienze alternative del coniuge come un evento «extraterritoriale», dal quale non è il caso di farsi troppo coinvolgere.

«Swinging» e altri comportamenti alternativi

Anni fa mi è capitato di vivere un'esperienza sorprendente. Un noto giurista e la sua compagna, un'avvenente ginecologa, hanno invitato a cena me e mia moglie a Beverly Hills. Al momento del caffè, non ci hanno condotto nel salotto, ma in un locale attiguo, dove si sono spogliati e infilati in una grande vasca piena d'acqua calda, suggerendoci di seguirli. Ci hanno poi spiegato che ciò sarebbe stato il preludio a uno scambio di coppie durante la notte, se non fossero sorte obiezioni. Posso solo aggiungere che il caffè era di ottima qualità!

D'altra parte, un tempo lo scambio di coppie era quasi una moda, come ricorda il bel film *Tempesta di ghiaccio*,[5] in cui alcune annoiate coppie di una ricca e intellettuale provincia americana, negli anni Settanta, arrivando a un party vengono invitate a lasciare le chiavi della propria automobile in una grande ciotola. Alla fine della serata, le donne «pescano» a caso le chiavi... e quindi l'uomo con cui passare il resto della notte.

In quegli anni, negli Stati Uniti lo scambio di partner, chiamato «swinging», era talmente diffuso che il 3 per cento delle coppie americane dichiarò di averlo provato.[6] Ma questa pratica sessuale finiva per essere, in realtà, un modo puritano per esorcizzare l'adulterio, che è segreto e unilaterale, e un tentativo di controllo sul partner.

Ciò emerge da un'altra storia, accaduta questa volta a Parigi. Lo scambio era avvenuto tra due coppie di amici: una occupava la camera da letto e l'altra il salotto. Il giorno dopo, uno degli uomini si lamentò che la moglie aveva gridato molto di più con l'amico che con lui. Lo scambio, che doveva avere uno scopo liberatorio, si era quindi trasformato in un'ulteriore forma di controllo coniugale.

Il «doping» erotico, comunque, non consiste soltanto in comportamenti trasgressivi, ma anche nell'uso di accessori (vibratori, filmini hard); e l'universo dei gadget pornografici è assai ampio. Qualcuno trova tutto questo molto triste, qualcun altro (soprattutto donne) inorridisce. Ma i costumi nazionali cambiano, se è vero che due italiani su cinque, intervistati dagli instancabili sondaggisti,[7] dichiarano senza pudore di apprezzare non solo le pellicole a luci rosse, ma anche tutto l'infinito materiale hard nato per stuzzicare il desiderio erotico. A pensarla così, però, precisano gli autori del sondaggio, sono soprattutto gli uomini, i soli veri entusiasti del mondo hard.

Il punto dunque è proprio questo: dallo scambio di coppie all'uso di vibratori, alle sperimentazioni di sesso «estremo», tutto è lecito – o quasi –, purché ci sia il consenso di entrambi i partner. I problemi nascono quando uno dei due (in genere, ancora adesso, l'uomo) vuole introdurre dei comportamenti alternativi e trasgressivi e il partner (o, meglio, la partner) non vuole, si rifiuta oppure subisce. È qui che scatta la sensazione di vero, amaro tradimento: anche se magari non c'è effettivamente un (o, meglio, una) rivale, ma solo una fantasia.

Ancora più complicata la storia di Valerio e Rita, una giovane coppia di trentenni afflitta da desideri erotici alternativi, ma non convergenti. Lei ha scoperto sotto il letto una valigia con strumenti sadomaso, ma è rimasta delusa dal fatto che Valerio preferisse il ruolo «maso», in cui si viene legati e frustati. Purtroppo, anche Rita fantastica di essere presa con la forza, per cui durante la consultazione mi sono trovato davanti all'imbarazzante situazione di un incontro maso-maso. Ora stiamo lavorando per capire chi dei due sia più disponibile a esplorare i brividi dall'aggressività attiva. A lui, che è un appassionato pescatore, ho assegnato come «esercizio» la riflessione intorno a una metafora: provare a fare il pesce spada aggressivo, invece del tonno che si difende con la resistenza passiva. Lei, invece, sta meditando sulla differenza tra aggressività e sadismo, rispolverando una vecchia storia familiare con una sorella che l'aveva «schiavizzata». Speriamo in bene!

Il mistero dell'amore mercenario

I giornali e la Tv, come al solito impietosi, l'avevano soprannominata «Lady Aids». Sto parlando della prostituta di Ravenna che, pur essendo sieropositiva, ha continuato per due anni la sua attività. Una notizia che non mi ha sorpreso più di tanto. Quando si raggiungono certi livelli di degrado e di disperazione personale, è difficile avere un comportamento di solidarietà, come può essere, in questo caso, quello di avvisare i partner o di esigere l'uso del profilattico. Soprattutto se la donna in questione, 45 anni e una vita disastrata alle spalle, ha un bisogno disperato di soldi. E si sa che nell'ambiente della prostituzione chi si dichiara sieropositivo è emarginato, mentre i clienti pagano un supplemento per avere rapporti non protetti. E allora è inutile maledire – come hanno fatto molti – questa donna, del resto già condannata. Parliamo invece dei clienti, migliaia, che hanno telefonato angosciati per sapere se erano stati contagiati...

Perché gli uomini, in un'epoca come la nostra di totale libertà sessuale, vanno ancora con le prostitute? Ci sono vari scenari attraverso i quali è possibile spiegare questo fenomeno. Vediamoli.

a) *La nuova prostituzione d'alto bordo* (detta anche «narcisistica»), come quella che spesso vede coinvolti divi hollywoodiani. Oggi, nella società dei consumi, tutto – o quasi – ha un prezzo. Quindi anche il sesso. Si tratta in questo caso di professioniste, diciamo così, di alto livello, che da tempo hanno lasciato la strada per eleganti appartamenti e club privati.

b) *La nuova prostituzione dei travestiti e transessuali*, che soddisfa bisogni segreti e «vizietti» che non si possono appagare in ambito coniugale. Una perversione molto diffusa e ancora poco analizzata. E qui sono d'accordo con la sociologa Ida Magli,[8] che sottolinea come i viados siano così ricercati perché non sono donne, ma ne esibiscono i segnali-simbolo: seno, sedere, gambe, il tutto eccessivo, «finto», esagerato. Ma sono comunque uomini: è dunque in un maschio, conclude la sociologa, che il maschio insicuro cerca adesso il suo specchio.

c) *Il ritorno della prostituzione di strada* (detta anche «masochistica»), che fa incontrare da un lato il nuovo mercato delle «schiave» albanesi e nigeriane, più qualche italiana disperata, e dall'altro una clientela «tradizionale».

Credo che questa sia solo la punta dell'iceberg di un crescente malessere maschile nei confronti dell'universo femminile. Le donne affermano i loro diritti, il loro anelito alla parità; sono, per la prima volta nella storia, disponibili, a qualsiasi età, a qualsiasi classe sociale appartengano, al di fuori o all'interno del matrimonio. Ed esprimono in modo esplicito il loro desiderio sessuale. Risultato? Paradossale: gli uomini fuggono.

Sono infatti parecchi i maschi che, impauriti da un confronto nel quale hanno perso gli antichi privilegi del «macho», rinunciano al sesso in favore di passioni alternative (la carriera, lo sport). Oppure ritrovano il valore di certe esperienze (non necessariamente omosessuali) tra uomini, ormai più soft delle amazzoni e valchirie da cui sono circondati. Quando ciò non basta, rimane appunto la prostituzione, che offre l'innegabile vantaggio dell'anonimato ed evita un confronto tra persone, riducendo lo scambio a un contatto (e a un contratto) sessuale frettoloso. Tutto questo è un inquietante segno del declino della virilità maschile: poveri uomini, se hanno bisogno di pagare per sentirsi tali!

La soluzione non è certo quella della riapertura delle case chiuse, anche se ormai si impone una regolamentazione della prostituzione di strada. Solo quando ritroverà un migliore equilibrio tra testa, pancia e cuore, e soprattutto una migliore sincronizzazione (o armonia) con l'universo femminile, il maschio farà a meno di pagare per comprare sesso.

Trans: tradire cambiando sesso

Nell'ampio scenario dei comportamenti e desideri erotici che rendono la vita difficile a sé e agli altri, il bisogno di cambiar sesso, anche in senso anatomico, risulta uno dei più difficili da gestire, anche se ormai è sempre più tollerato dalla società. Penso al giornalista del «New York Times» che a cinquant'anni è passato da un'identità maschile a una femminile, e si è presentato in redazione vestito da donna. Oltre agli abiti e al sesso (si è sottoposta a un'operazione chirurgica), ha cambiato anche il nome, e in una lettera scritta ai suoi colleghi li ha invitati a non chiamarlo più Don, ma Donna.[9]

A volte il desiderio di cambiare sesso deve essere capito, inserito nel giusto contesto, magari ridimensionato e sdrammatizzato. Penso a Daniela, 16 anni, che viene al colloquio psicologico rasata quasi a zero e vestita da maschiaccio. Ha avuto per sei mesi una relazione con una compagna di classe, che adesso l'ha lasciata perché si è innamorata di un ragazzo. Daniela non si dà pace: vuole diventare un maschio per riconquistare la sua amica. Si tratta di una richiesta anomala, che dev'essere inserita nel contesto di una delusione sentimentale tipica dell'adolescenza, in cui si è pronti a tutto per avere la persona desiderata. Potenza dell'amore!

Tuttavia, queste modifiche dell'identità personale, che richiedono all'inizio terapie ormonali e in seguito interventi chirurgici, sono praticabili anche in Italia, ma soltanto se esistono precise condizioni mediche e psicologiche. La legge consente l'intervento chirurgico quando la perizia medica abbia escluso altre cause fisiche o malformazioni e la perizia psichiatrica abbia identificato la sindrome del transessualismo. La persona transessuale si considera infatti un «errore della natura», dato che si ritrova un corpo che non corrisponde al sesso a cui sente di appartenere.

Lisa, un'altra paziente, mi ha detto che ha sempre pensato di avere un'anima maschile costretta in un corpo di donna, e quindi non si considera omosessuale. Non è escluso che questo fenomeno abbia un'origine biologica, forse nello sviluppo precoce della vita intrauterina e delle prime settimane dopo la nascita. In attesa di una verifica di tale ipotesi, dobbiamo limitare gli interventi chirurgici, non prendendo in considerazione i casi di omosessualità e quelli in cui si manifestano comportamenti psicotici o atteggiamenti masochistici, per i quali un'operazione del genere servirebbe solo a mettere in atto un ennesimo sabotaggio psicologico.

Ovviamente ci sono casi in cui il desiderio, o meglio il bisogno, di cambiare sesso arriva abbastanza in là negli anni, quando la persona ha già un legame affettivo. In casi del genere, il partner vive tutto questo come un vero e proprio tradimento, che risulta molto destabilizzante.

Anche Alessandro, 42 anni, sposato da sei, ha rivelato abbastanza tardi le sue reali inclinazioni. Sua moglie Gemma, che tra l'altro da tempo vorrebbe un figlio, due anni fa ha scoperto, nascosti in un armadio, dei vestiti da donna. E ha allora capito il motivo per cui il marito, una volta al mese, «scappava» misteriosamente nella sua città d'origine. Ma ora Alessandro non si accontenta più del travestitismo, e vuole farsi operare. I due hanno un legame affettuoso e, dopo una breve psicoterapia, hanno deciso di stare insieme; per ora hanno anche rapporti sessuali sporadici, in cui lui immagina di essere la donna. Ma il vero problema è quello di Gemma, che deve decidere se cambiare vita o rimanere con lui, rinunciando alla tanto sognata maternità.

Per vivere meglio

Può cominciare con un sospetto. O con una bruciante, inaspettata rivelazione. In ogni caso, ormai è fatta: avete saputo la verità. Vi tradisce. Vi ha tradito. E per voi si aprono vari scenari.

1. *Essere sicuri.* Il vostro sospetto va confermato. Ricordatevi: esistono svariati indicatori della bugia, anche corporei (voce, mimica, gesti inabituali). E poi guardatevi intorno: l'80 per cento dei tradimenti avvengono «per prossimità», in ufficio o nel quartiere.

2. *Prendere tempo per verificare l'importanza dell'evento.* Non reagite a caldo. Cercate di capire esattamente i termini della questione. Che cosa significa e quanto conta per il partner. Ma anche per voi. Ignorate quindi – almeno transitoriamente – quello che è successo. Una specie di sospensione temporale per riuscire a riflettere. Questo soprattutto se il tradimento è la rivelazione di un segreto insospettabile (l'omosessualità del partner, per esempio).

3. *Intimidirlo.* Non è solo il brutale «la prossima volta te ne vai di casa». Vuol dire anche porre un limite, oltre il quale voi non siete disposti ad andare. Va da sé che – per dignità ma anche per salvarsi la vita – l'intimidazione va messa in atto. Se non altro, dopo, sarà possibile ricontrattare ad armi pari.

4. *Fare una rappresaglia.* La classica strategia del «chiodo scaccia chiodo»: sarà banale, ma è efficace.

5. *Rinforzare la propria autostima.* Dedicare tempo ed energie a sé invece che al traditore (o alla traditrice), coccolarsi, farsi dei regali, ritrovare dignità e reimparare a volersi bene. Un tradimento è una ferita, e bisogna sapersi curare.

6. *Aiutarlo a capire il suo bisogno di tradire.* Purtroppo, però, a volte non si tratta solo di una perdonabile avventura, che può essere un segnale di crisi da decodificare, o magari, per gli uomini di una certa età, un vagabondaggio erotico per verificare la propria virilità. A volte si tratta di tradimenti più gravi e profondi: un uomo che fa sesso a pagamento con i viados, che si traveste da donna, non può essere semplicemente «perdonato». Quello che è emerso è il segnale di un disagio. È importante allora parlarne con una terza persona, preferibilmente uno psicoterapeuta, per capire che cosa significa tutto questo per la vostra coppia.

VII
I perdenti

Il perdente cronico e autosabotante è colui che sembra danneggiare volontariamente la propria esistenza quando avrebbe la possibilità di fare altrimenti. Ciò non avviene in un unico episodio, a causa di un singolo errore o di un ostacolo che non ha saputo superare, bensì in una serie di comportamenti che si manifestano sin dall'adolescenza e sono invalidanti in vari settori della vita: nel lavoro, nelle relazioni sociali e sentimentali. Come dicono François Lelord e Christophe André,[1] può essere il caso di uno studente che arriva in ritardo a un esame che aveva faticosamente preparato e che quindi non potrà più sostenere. Oppure di una donna che sceglie dei partner brutali ai quali finirà per sacrificarsi. Di un professionista che rimane, anche da un punto di vista economico, in una posizione inferiore a quella che le sue reali competenze gli permetterebbero. O, ancora, di una persona in cattiva salute che evita di consultare il medico fino a quando questo continuo rinvio non avrà gravi conseguenze per la sua salute: un comportamento che non è solo evitante, ma anche sabotante.

La personalità perdente, tuttavia, non è stata inclusa nel DSM-IV, l'ultima classificazione di patologie compilata a cura dell'Associazione psichiatrica americana. Per gli esperti della psiche, infatti, essa è la conseguenza di altri disturbi presenti in soggetti depressi, fobici, passivi-aggressivi, ecc. Per questa ragione si tende a parlare di «comportamenti» perdenti piuttosto che di personalità perdenti. Certo, spesso le persone imprigionate in rapporti nocivi e senza via d'uscita, sentimentalmente succube, o maltrattate sul lavoro, sono anche complici dei propri carnefici, siano questi il marito o il capufficio. Ma non bisogna neanche esagerare, scaricando ogni responsabilità sulle spalle delle vittime, abusando della diagnosi di personalità masochista.

Del resto, il rapporto schiavo-padrone è di per se stesso ambiguo e tormentato. Non a caso è stato analizzato in modo approfondito in alcuni celebri film, tra i quali *Portiere di notte*.[2] La vicenda si svolge nel 1957 a Vienna, dove un portiere di notte (interpretato da Dirk Bogarde), che nasconde un passato di torturatore nazista, ritrova casualmente Charlotte Rampling, un'ebrea sopravvissuta ai lager, con la quale aveva avuto una relazione sadomasochista. E il loro rapporto riprende... Nel film *La morte e la fanciulla*,[3] invece, Sigourney Weaver è un'ex prigioniera politica, vittima di sevizie e torture, di una dittatura militare sudamericana, che ritrova per caso il suo aguzzino e sceglie la strada della violenza.

Ma l'ambiguità del rapporto carnefice-vittima è presente anche nella strategia di difesa di molti delinquenti, in particolare in quella dei colpevoli di reati sessuali. Secondo il dottor Jaffe,[4] molti criminali cercano di scagionarsi «presentandosi» come vittime di ingiustizie vere o presunte subite in precedenza.

Parlando di perdenti, c'è il grande rischio di ricorrere alla solita semplicistica formula all'americana che tradizionalmente ha diviso gli esseri umani in vincenti e perdenti. Secondo tale schematizzazione, nel nostro mondo così competitivo, solo i vincenti hanno ragione, ed essere perdenti diventa un'inadeguatezza fatale. Un principio, questo, da relativizzare: chi non si ricorda del classico compagno di classe studiosissimo, primo in tutte le materie, vincente a scuola ma non necessariamente nella vita adulta? Al contrario, altre persone disturbate nell'adolescenza da tempeste emotive, ma dotate di un'angoscia creativa, sono poi riuscite a passare dal ruolo di perdenti a quello di vincenti. Come psicoanalista devo quindi difendere la complessità dell'essere umano. Si può perdere una battaglia e vincere la guerra; anche in ambito militare esistono sconfitte tattiche che, a lungo termine, permettono di sbaragliare il nemico. Alcune vittorie, invece, sono pagate a così caro prezzo dal punto di vista della salute o del benessere personale da essere in realtà delle sconfitte.

Questa divisione semplicistica tra vincenti e perdenti si ritrova anche in ambito sociale, dato che il ruolo del vincente è stato per secoli privilegio dell'uomo, eroe e protagonista assoluto, in antitesi a quello di perdente sacrificale attribuito alla donna. Nell'*Odissea* il racconto è incentrato su Ulisse, sui suoi vagabondaggi e le sue avventure lontano da Itaca, mentre Penelope è una figura sottomessa e sempre in paziente attesa (anche se c'è chi dice che alla fin fine è lei la vera vincente, proprio perché ha saputo attendere).

Il mondo delle narrazioni epiche ci presenta anche il personaggio di Achille. Nelle sue numerose tenzoni combatte Pentesilea, regina delle Amazzoni, e finisce per ucciderla. Solo allora prova verso di lei sentimenti di pietà, rendendole gli onori delle armi e della sepoltura. In altri termini, a vincere è chi non c'è più!

Un altro mito è quello della femmina del pellicano (simbolo, per il cristianesimo, di devozione materna) che, secondo la leggenda, si trafigge il petto e riporta in vita i propri piccoli alimentandoli con il proprio sangue.[5] È la spinta oblativa, tipicamente femminile: donne che sacrificano se stesse perché la vita continui.

La musica lirica propone con la *Madama Butterfly* di Puccini una figura di perdente simpatica, commovente, vittima designata di seduttori egocentrici e cinici come Pinkerton, pronti a vampirizzare le energie altrui per soddisfare un proprio egoismo passeggero.

Butterfly, oltre che perdente, è sfortunata. Figlia di nobili giapponesi impoveriti, è costretta a fare la geisha per sopravvivere. Secondo le usanze locali viene offerta in sposa a Pinkerton, un ufficiale americano la cui nave sosta per alcune settimane a Nagasaki. Affascinato da questa adolescente dolce, bella e di sentimenti puri, Pinkerton la prende in moglie, approfittando di una realtà culturale che gli permette in futuro di abbandonarla, sanzionando al tempo stesso il divorzio. Butterfly si innamora di Pinkerton, e dell'illusione di poter uscire dal ruolo di geisha ed essere di nuovo una signora perbene. Tale illusione, nutrita di buoni sentimenti, la rende simpatica e accattivante. Ed è proprio la speranza del grande amore che le fa attendere il ritorno della nave, al di là di ogni segnale negativo. Pinkerton, pur non avendola dimenticata, non ha considerato importante la storia con lei, e nel frattempo si è sposato con una donna americana che lo accompagna nel suo viaggio di ritorno a Nagasaki. La seconda parte dell'opera descrive in maniera toccante come Butterfly cerchi a ogni costo di mantenere intatta la propria illusione amorosa, fino a quando si rende conto che lui, pur essendo tornato, è sposato con un'altra. Ciò la fa passare dall'illusione alla disillusione, e alla consapevolezza che la vita non vale la pena di essere vissuta.

Butterfly mi ricorda quelle persone che vengono in terapia perché non sono riuscite a elaborare la fine di un grande amore. Come ci ha ben spiegato Freud,[6] il lutto implica la possibilità di recuperare le proprie energie, che sono state «investite» nell'oggetto d'amore ormai inaccessibile. La persona innamorata ha realizzato un processo di fusione tra le proprie pulsioni e l'oggetto del proprio amore. Perdendolo, perde anche le energie che vi ha depositato. Il meccanismo che Butterfly dovrebbe attivare è esattamente il contrario: e cioè la «defusione», in modo da recuperare le sue energie personali. L'impossibilità di mettere in atto questo processo la induce a pensare di non esistere più, perché tutte le sue energie vitali sono state investite nell'amore per Pinkerton. Ormai l'unica soluzione per lei è quella di distruggersi anche fisicamente (suicidandosi), dato che la sua anima e il suo cuore non esistono più. Prima di questo gesto da autentica perdente, Butterfly ne compie un altro che la rende in parte vincente. Con un atteggiamento da vero e proprio «pellicano», consegna alla nuova moglie il figlio di tre anni, frutto della sua unione con Pinkerton, nella convinzione che il bambino potrà ricevere una migliore educazione in America.

A prima vista, Butterfly sembra una vera perdente perché ha inseguito le illusioni che popolavano il suo mondo interiore, operando una distorsione della realtà esterna. Ma, al tempo stesso, la sua ostinazione a credere nell'esito positivo del suo amore, la purezza di sentimenti rispetto alla meschinità di piccoli approfittatori come l'intermediario Goro o il gaudente Pinkerton destano ammirazione e commozione. In una prospettiva più generale, la figura di Butterfly quindi risulta vincente, a differenza di quella di Pinkerton, che suscita sentimenti agrodolci. Di lei conserviamo un'immagine ben diversa da quella delle belle farfalle (*butterfly* in inglese vuol dire «farfalla») che, una volta catturate, vengono trafitte con un spillo e custodite in una bacheca per essere ammirate e possedute per sempre.

L'ambiguità dei veri e falsi perdenti

I fatti della vita ci confermano l'ambiguità dei ruoli di perdente e vincente. Si pensi al gioco delle tre tavolette, in cui all'inizio l'abile truffatore finge di perdere per attirare il «pollo» nella rete, finché non giocherà poste più alte. Lo stesso avviene tra i giocatori di poker. O nelle strategie belliche, in battaglie apparentemente di poco conto, in cui il falso perdente attira la sua preda in una trappola mortale.

Ambiguità che esistono ovviamente anche nelle relazioni interpersonali, e che ho già descritto dal punto di vista clinico in altri saggi: dall'uomo impotente, che costringe la moglie a rinunciare ai suoi legittimi desideri e fa quindi dell'impotenza una potenza, alle personalità tiranniche, capricciose e lamentose, che, attraverso una malattia vera o presunta, rendono la vita impossibile al coniuge. Tutte persone che, pur essendo in qualche modo perdenti, ottengono attraverso questi meccanismi una rivincita almeno parziale.

L'analisi del secondo matrimonio costituisce, a tale proposito, un'ottima lente di ingrandimento per capire l'ambiguità del concetto di perdente.

Il secondo matrimonio: ma separarsi è proprio una sconfitta?

Non è più amore per sempre, ma è pur sempre amore. Così sembrano dire le persone che, dopo essersi separate, riescono a evitare le trappole della passione-fusione e a riorganizzare secondo nuovi criteri la loro vita. Ricominciare, ritrovare la forza per innamorarsi di nuovo, non è facile. Il divorzio, anche se razionalmente compreso, accettato ed elaborato, si situa molto in alto nella scala degli eventi che provocano stress, preceduto solo dalla morte di una persona cara. Ma a volte il nuovo legame, legittimo o meno, diventa più importante dopo la rottura del primo.

Del resto, un secolo fa, la formula «amarsi per tutta la vita» si riferiva a un periodo di convivenza che raramente superava i vent'anni, se si pensa che si moriva in media a cinquant'anni. Oggi i tempi ipotetici della vita a due si sono più che raddoppiati, e quindi chi punta a un matrimonio di lunga durata deve ridefinire periodicamente le regole coniugali. Dopo dieci anni, la metà delle coppie stanno insieme per delle motivazioni diverse da quelle per cui si erano formate. Che succede allora? Le coppie dinamiche e flessibili modificano e adattano progressivamente il loro stile di vita; altre, più rigide, continuano a stare insieme per abitudine, obbligo o rassegnazione; altre ancora (più del 30 per cento) si avviano verso il divorzio.

Secondo la sociologa francese Irène Thery, la fine del primo matrimonio può aprire due scenari ben precisi. Nel primo, c'è chi constata che l'esperienza matrimoniale è arrivata al capolinea: non si comunica più, il quotidiano è diventato grigia routine, irto di conflitti insanabili. A questo punto, se i partner riescono a separarsi senza troppe complicazioni materiali, saranno più facilmente in grado di impostare una seconda storia affettiva «di qualità».

Il secondo scenario potrebbe invece intitolarsi «fine di un'illusione». Si verifica quando il primo matrimonio, intriso di passione, ha implicato una valutazione sbagliata del rapporto e viene considerato un errore di gioventù. Questo accadeva più frequentemente ai tempi dei nostri nonni, quando la sessualità preconiugale era tabù e la passione fisica induceva a compiere il «passo fatale» prima che l'intimità affettiva si fosse solidificata. Oggi si assiste piuttosto al contrario: le coppie ritardano il matrimonio e la nascita del primo figlio proprio per evitare questi errori giovanili. Vogliono trovarsi nelle condizioni ottimali per realizzare un progetto di lunga durata. Chi invece si sposa troppo in fretta, anche se per amore, rischia di più.

E dopo la separazione? Anche nella creazione del secondo legame due sono gli scenari possibili. Nel primo, c'è chi in maniera ineluttabile resta vittima della propria nevrosi, moltiplicando i sabotaggi sentimentali. Spesso il precedente matrimonio è servito a compensare una madre assente, un padre eccessivamente severo, ecc.: se il peso del passato è ancora troppo opprimente, anche i legami successivi serviranno a colmare il vuoto affettivo che ha avuto origine nell'infanzia.

Al centro del secondo scenario c'è invece un'altra tipologia di persone, più felice. Esse non sono nevrotiche, bensì «maldestre», per cui nel loro caso la prima storia d'amore ha la funzione, come dice Freud, di risolvere i residui della nevrosi infantile: il legame seguente nascerà invece in una condizione che si è liberata dal passato, ed è quindi più favorevole per valutare la realtà dell'amore attuale.

Non va però dimenticato che purtroppo, sul piano sociale, uomini e donne non hanno le stesse opportunità. Secondo Claude Martin,[7] che ha scritto un libro sul «post-divorzio», le donne di cinquant'anni sono svantaggiate, così come quelle di quaranta con due figli a carico, che hanno il 15 per cento di probabilità in meno di risposarsi delle donne senza figli della stessa età.

Tipi di perdenti

Tra i perdenti possiamo distinguere varie tipologie: perdenti volontari e involontari, perdenti «altruisti», perdenti che affondano la nave, perdenti in coppia.

Perdenti volontari e involontari

Per spiegare la differenza tra sfortuna e sabotaggio ho scelto due casi clinici: quello di Grazia, una perdente involontaria, succuba di una famiglia tirannica, e quello di Lorenza, che si sente vuota dentro e attua ripetuti sabotaggi sentimentali.

Grazia ha 18 anni ed è incinta da tre mesi. I genitori insistono affinché interrompa la gravidanza, ma lei esita. Prima di tutto perché sta vivendo un grande amore romantico con il suo ragazzo, e si sente pronta ad affrontare insieme a lui anche l'imprevisto passaggio da giovane coppia adolescente a famiglia. Certo, è rimasta incinta per sbaglio, perché il preservativo si è rotto. Lui comunque vorrebbe tenere il bambino, e i suoi genitori sono disposti ad aiutarli, se necessario. Non la pensano così i genitori di Grazia, rigidi ed eccessivamente severi, che vedono solo il possibile scandalo. La madre, sottolineando il fatto che soffre di cuore, l'ha addirittura minacciata: «Mi farai morire, se tieni il bambino. E in ogni caso, se decidi per il sì, te ne vai di casa».

A questo punto Grazia si rivolge al nostro consultorio per chiedere un aiuto: attraverso noi, vuole dire alla famiglia che ormai è troppo tardi per interrompere la gravidanza. Del resto, sono settimane che cerca di differire in un modo o nell'altro la decisione. La sua è chiaramente una gravidanza «di fuga», che le consente di andarsene di casa. Grazia ritiene infatti, a ragione, che la famiglia la spinga ad abortire non per proteggerla, ma per proteggersi. In casa lei svolge una funzione importante, quella di baby-sitter, visto che si occupa a tempo pieno del fratello più piccolo, di otto anni. Le viene cioè imposto un ruolo che non corrisponde ai suoi desideri di ragazza adolescente. È quindi comprensibile che Grazia, attraverso il grande amore, il bambino in arrivo e anche il supporto di una famiglia più generosa della sua, cerchi di andarsene.

Più che sostenerla nella scelta di abortire, bisognerà quindi starle vicino nella difficile comunicazione ai genitori. Grazia ha intuito, a ragione, che la gravidanza l'aiuterà a crescere. Solo così potrà uscire dal suo destino di perdente.

Ma se la situazione in cui si trova Grazia dipende dalla costrizione familiare, ben diversa è la storia di Lorenza, una bella ragazza di una città del Sud. Il suo fascino maschera una vita molto disordinata. Ha già subìto un'interruzione di gravidanza a sedici anni e una seconda a diciotto. Poche settimane fa l'abbiamo rivista in consultorio, dopo un terzo intervento, per valutare insieme la ragione di questi drammatici e ripetuti aborti (fra l'altro è rimasta incinta di due uomini diversi) e della sua vita così instabile.

Scopriamo così che il suo ultimo ragazzo è un piccolo spacciatore di droga. Una volta Lorenza è rimasta addirittura coinvolta in una sparatoria: era in moto insieme a lui e ha sentito le pallottole fischiarle vicino. È forse la vittima di un delinquente? Mi sembra piuttosto che contribuisca in modo complice alla precarietà della sua situazione sentimentale. Le piace molto sedurre, anche se poi quasi subito abbandona i propri partner, con cui conduce un'esistenza un po' «marginale», fumando spinelli e vivendo di espedienti. Sogna una famiglia unita, benché la madre (da cui è molto dipendente) abbia avuto quattro figli da tre uomini diversi. Il rapporto con il patrigno è per fortuna migliore di quello con il padre, che ha un temperamento violento.

Chiaramente le gravidanze di Lorenza sembrano riempire un vuoto affettivo, almeno quanto le sue storie sentimentali «usa e getta». Purtroppo, questa catena di angosciosi aborti finirà solo quando la sua vita sarà più ricca di calore umano e di messaggi positivi. Al di là della sua richiesta di aiuto per abortire, il rapporto affettuoso e continuativo instaurato con gli operatori dei consultori familiari rappresenta dunque per Lorenza la prima verifica del fatto che le relazioni umane possono fondarsi su basi migliori. E il primo passo per uscire da una vita da perdente.

Perdenti «altruisti»

Alcune persone non hanno conquistato nella loro storia personale il diritto a essere felici: si sentono inadeguate o, in termini freudiani, castrate, vuote. Nel primo caso mancano di qualcosa «fuori», soprattutto di una virilità fallica, nel secondo mancano di qualcosa «dentro». Qualunque sia il tipo di castrazione simbolica di cui soffrono, falliscono, ma riescono a far progredire le persone che le circondano.

Ricordate il protagonista del film di Carlo Verdone *Sono pazzo di Iris Blond*?[8] Piccolo musicista di cabaret, sogna di sfondare ma è troppo timido e insicuro per riuscire da solo. Lo fa in modo indiretto, delegando il successo alle donne di cui si innamora e alle quali costruisce una carriera.

Questa è una delle tante forme di timidezza, che può celarsi dietro vari atteggiamenti: da quello del ragazzo adolescente a disagio nel proprio corpo, tormentato dai brufoli, che arrossisce quando la ragazza del cuore gli rivolge la parola, come abbiamo visto nel capitolo sugli ansiosi; a quello del burbero capufficio che maschera dietro un ruolo di potere la paura di esprimere i propri veri sentimenti.

Nel maschio la timidezza è stata da sempre considerata un difetto, una mancanza di forza e di virilità. Questo è in parte vero, e molti uomini insicuri dubitano di se stessi perché si sentono colpevoli di portare «dentro» istinti per loro inaccettabili. Hanno messo un «coperchio» su fantasie sessuali o aggressive che considerano inadeguate, non svelabili e non gestibili. In realtà, se il timido riesce a sublimare in qualche modo le sue tendenze, può diventare attraente e persino affascinante.

Le donne d'oggi non vogliono né il «macho» né il «micio», mentre sono spesso attratte dalla creatività ingegnosa e dalla sensibilità degli uomini teneri e maldestri. La timidezza, quindi, non è solo un salvagente per brutti anatroccoli, ma anche un'arma di seduzione.

Anche Oreste è passivo e timido. Sentendolo raccontare la sua storia, non si direbbe, perché è un uomo che sta attualmente vivendo una fase di bigamia. Ha 42 anni, è un po' obeso, fa l'infermiere ed è sposato da più di vent'anni, con tre figli. Da due anni intrattiene una relazione con Rosa, sua vicina di casa. Quest'ultima, 38 anni, single, è rimasta ben presto incinta e sei mesi fa gli ha dato una bambina. Oreste è disperato perché non riesce a scegliere tra la moglie e la nuova partner, e questa angoscia lo ha portato a manifestare propositi di suicidio. Spera sempre che una delle due lo lasci, ma entrambe si aggrappano a lui, obbligandolo a una doppia vita che è contraria alla sua natura.

I genitori di Oreste si sono separati quando lui aveva cinque anni. Contrariamente a quanto succede di solito, è stata la madre ad andarsene, mentre il padre, dolce e remissivo, è rimasto a casa. Quest'ultimo, non potendo occuparsi del figlio di cinque anni perché doveva lavorare, lo ha affidato a uno zio, fino all'età di undici anni. Quando il padre si è risposato, Oreste è tornato a casa per due anni, ma le persistenti difficoltà nei rapporti con la matrigna lo hanno infine obbligato a vivere in un collegio fino al termine dell'adolescenza.

Due donne hanno abbandonato Oreste da piccolo (la madre e la matrigna), e ora due donne vogliono tenerselo stretto. La moglie Irene è molto comprensiva; si sente addirittura «colpevole» di non avergli dato una figlia, ma «soltanto» tre maschi. È pronta a perdonare il marito, e addirittura a prendere la figlia illegittima in casa, purché egli non se ne vada. Ma nel contempo l'amante, Rosa, che non ha voluto abortire perché quella era la sua ultima chance di avere un bambino, ora insiste perché Oreste divorzi e vada a vivere con lei. Tutti sono al corrente di questa bigamia, compresi i condomini della casa in cui abitano Oreste e l'amante, che si sono schierati o per la moglie o per la nuova donna.

Oreste ha sofferto per un abbandono antico, che gli impedisce ora di gestire qualsiasi separazione. Delega quindi all'esterno e agli altri, compreso lo psicologo, la decisione su quello che è giusto fare. Ma noi dobbiamo resistere al desiderio di influenzarlo, di esprimere il nostro punto di vista. Dobbiamo piuttosto aiutarlo a definire dei criteri di scelta. La moglie gli dà sicurezza e attualmente cerca in ogni modo di stabilire un rapporto di coppia migliore, anche dal punto di vista erotico. L'amante gli ha dato la figlia che aveva sempre desiderato, e una sessualità più vivace. Oreste per ora non sa cosa fare e il rischio principale è che tenti il suicidio, per sfuggire alla responsabilità di una decisione così difficile. Lui, per carattere, non avrebbe mai allacciato una relazione extraconiugale, ma è stato per così dire «arpionato» dalla vicina di casa, che coinvolgendolo in questa avventura lo ha «usato» per avere il bambino tanto desiderato, e adesso cerca di farsi sposare.

Nel profondo del mio animo sento che Oreste non è pronto a cambiare vita, anche perché questa crisi potrebbe aver aiutato la moglie a «risvegliarsi», almeno dal punto di vista erotico. Così, provvisoriamente, l'abbiamo aiutato a decidere di non decidere. Meglio per ora evitare di continuare a essere perdente, in attesa di diventare vincente.

Perdenti che affondano la nave

Ecco i perdenti da evitare! Non solo passano da un fallimento all'altro, ma provano (al contrario dell'eroe del film di Carlo Verdone) una specie di piacere maligno nell'affondare la nave sulla quale si trovano. Senza essere dei Sansoni, vogliono morire con tutti i Filistei, compiendo una sorta di suicidio terrorista che in un certo modo li fa vincere, o perlomeno fa vincere il loro ideale. I pensieri e i comportamenti di questi perdenti si possono riassumere con due espressioni tradizionali: «mal comune, mezzo gaudio» e «te l'avevo detto che sarebbe finita così». Vediamo come.

«MAL COMUNE, MEZZO GAUDIO»

Sindrome tipica di chi non sopporta che gli altri abbiano successo, perché ciò sarebbe la dimostrazione definitiva della propria insufficienza. Il meccanismo sotteso è spesso l'invidia, e l'atteggiamento sabotante serve a dimostrare che in ogni caso non c'era speranza di successo. Questa spiegazione totalizzante evita a una persona di ammettere che non ce l'avrebbe fatta.

In determinati casi, questo genere di perdenti è particolarmente distruttivo per gli amici. Si pensi per esempio alle single «non per scelta» che illustrano alle neoseparate le difficoltà di trovare un nuovo fidanzato, solo perché non riescono a uscire dalla propria solitudine; oppure alle persone professionalmente insoddisfatte che, non impegnandosi attivamente nella ricerca di un nuovo lavoro, non incitano neppure gli altri.

«TE L'AVEVO DETTO CHE SAREBBE FINITA COSÌ»

Questo modo di pensare tende a esorcizzare una sconfitta che sarebbe insopportabile. Ricordo che, quando andavo allo stadio, un mio amico tifoso spesso affermava: «Credo che perderemo». Così, si teneva sempre aperte due possibilità: se la squadra vinceva, esultava, dicendo che per fortuna si era sbagliato; se invece la squadra perdeva, si consolava: «Te l'avevo detto, lo sapevo già». Ma in entrambi i casi contagiava l'ambiente esterno, tenendo un comportamento negativo pur di salvare il proprio narcisismo.

Una variante del «te l'avevo detto» è il virus dello «scoraggiamento preventivo». È l'atteggiamento di chi, di fronte a un qualsiasi programma o scadenza da rispettare, ribadisce: «Tanto non ce la faremo mai». Un martellamento negativo che può avvelenare un matrimonio, un'amicizia. O, sul lavoro, può arrivare a contagiare l'intero team e a danneggiare la produttività di un gruppo professionale.

Ma qualunque sia la modalità del «contagio negativo» è importante, in tutti i settori, poter identificare la personalità perdente, che con il suo stile pregiudica la riuscita del progetto. In ambito sportivo, per esempio in una staffetta o in un gioco di squadra, il perdente può avere infatti un effetto «tossico» sul morale, oltre che sul comportamento. Lo stesso accade in ambito militare.

In politica, poi, è fondamentale evitare di «indossare» il ruolo del perdente, che risulta addirittura più dannoso di quello del velleitario o dell'incompetente. L'onorevole Mario Segni ha avuto in una certa fase della politica italiana l'opportunità di dar vita a un raggruppamento di centro, un progetto che per svariate ragioni non è riuscito a realizzare. Ciò gli ha creato un'immagine poco favorevole molto nociva alla sua successiva carriera politica.

I perdenti in coppia

In coppia, certo, ma il loro influsso si estende poi a tutta la famiglia. Si pensi a quelle donne che perdono la testa per dei mascalzoni, allacciando con loro relazioni tumultuose e fallimentari, il che forse soddisfa i loro bisogni masochisti, ma spesso ha ripercussioni drammatiche sui figli, vittime innocenti di matrimoni instabili.

Nella mia attività professionale ho spesso modo di constatare che ci sono coppie in cui tutti e due «perdono». Eppure, come sostengo nel mio libro *A che cosa serve la coppia*, sarebbe così utile identificare le caratteristiche di quelle in cui entrambi i soggetti sono vincenti! In questo caso, infatti, si crea una spirale ascendente positiva, nella quale i due partner mettono in comune le proprie energie e i propri punti forti. A tale proposito, posso ben capire la critica mossa a Freud, secondo la quale egli avrebbe sviluppato una teoria della personalità basandosi solo sui nevrotici e i malati, mentre il modello americano tende ad analizzare, ed eventualmente a imitare, i vincenti. Nell'ambito della psicologia aziendale, per esempio, si studiano i leader, le loro personalità e le loro strategie, così come per gli inventori o i grandi chirurghi si cerca di individuare qual è «la marcia in più» che fa la differenza.

Credo che una simile analisi dovrebbe essere effettuata anche sulle coppie, in cui occorrerebbe ricercare gli ingredienti che le rendono vincenti. Purtroppo, invece, anche in questo campo spesso i partner sono due perdenti che si sono scelti per salvarsi la vita, ma più frequentemente per affondare insieme. Lo vedremo nelle tre storie che seguono: esse mostrano come in coppia le dinamiche di vittime e complici siano intricate e inestricabili.

Guido, 42 anni, e Luisa, 36 anni, convivono da quindici anni nella casa della madre di lei senza essere sposati, perché Guido non ha mai voluto legarsi in modo definitivo. In passato la coppia è stata spesso in disaccordo sul tema della procreazione. Hanno una figlia, nata otto anni fa «per sbaglio»; la gravidanza non era stata prevista, ma Luisa ha insistito per portarla a termine comunque, contro il parere di Guido. Ora la situazione si ripete. E, di nuovo, lei vorrebbe tenere il bambino, mentre lui spinge per un aborto.

In realtà, sembra che la vera protagonista della decisione sia la madre di lei, che praticamente li mantiene e che è forse disposta ad accogliere anche il nascituro, mentre accetta con molta più fatica il genero! Luisa vorrebbe che Guido provvedesse al mantenimento della famiglia, ma lui, che sta cercando di farsi conoscere come pittore, non guadagna molto; anzi, persino per il suo atelier è costretto a chiedere ospitalità alla suocera. Insomma, entrambi danno la priorità ai propri bisogni personali, e non si curano molto delle esigenze del partner. Luisa vuole continuare la gravidanza: sente già una nuova vita formarsi dentro di sé, parla al suo futuro bambino. Lui, invece, pensa che un altro figlio non porterà altro che responsabilità e spese, mentre il suo desiderio è concentrarsi sulla pittura.

Durante il consulto di coppia, Guido e Luisa mantengono un atteggiamento di grande conflittualità, tentando di convincersi a vicenda ciascuno della propria tesi. Guido si lamenta del fatto che nella famiglia tribale di lei non gli venga lasciato spazio, ma in realtà è lui a non prenderselo.

Non vuole fare il padre, e per ora gli fa comodo avere un alloggio sicuro ed essere mantenuto. L'evoluzione più probabile di questa coppia è che Luisa, sostenuta dal suo clan, decida di continuare la gravidanza e forse si separi da Guido, considerato dalla madre di lei un inutile egoista.

In una ricerca condotta su mille persone che chiedevano un'interruzione di gravidanza,[9] abbiamo verificato che la coppia non sempre è libera di decidere, e va spesso aiutata ad autonomizzarsi dagli altri «attori» della decisione, che restano più o meno nell'ombra. Può trattarsi della migliore amica, di un collega di lavoro, di un membro della famiglia d'origine o, più raramente, di autorità morali o sanitarie (il parroco, un consulente spirituale, la ginecologa curante).

A chi si trova davanti alla difficile scelta se abortire o meno consigliamo di utilizzare le settimane a disposizione per stabilire un dialogo, sicuramente difficile ma sincero, all'interno della coppia. Spesso una crisi a prima vista insolubile diventa l'occasione per un vero confronto, e una franca discussione può aiutare a superare piccoli egoismi e piccole paure personali. Decidere di avere un figlio significa in ogni caso costruire un progetto positivo per il futuro.

Il desiderio di un figlio entra a far parte anche della storia di Gianluca e Ornella. Lui ha 42 anni, lei 32. Entrambi sono insegnanti. Non si sopportano più, ma non riescono neanche a separarsi. Il problema è soprattutto di Gianluca, un vero perdente. Si presenta come una persona sottomessa, soffre di eiaculazione precoce, ha una cattiva immagine virile di sé. Vive come una catastrofe ogni conflitto con gli allievi in classe. In questo quadro di forte complesso d'inferiorità, si è inserito un problema di sterilità. Gianluca ha esitato a sottoporsi sia alle visite di controllo sia alle terapie mediche, perché malgrado i suoi quarantadue anni non si sente pronto a essere padre. La coppia ha anche tentato due volte il concepimento «in vitro», ma senza successo, e questo ha mandato in crisi Ornella, che, oltre al fallimento del tentativo di fecondazione artificiale, ha mal sopportato la quasi latitanza del marito.

Sposatasi a ventidue anni, Ornella sembra abbastanza equilibrata e pronta ormai da tempo ad avere dei bambini. Perché allora resta con un uomo così perdente? In apparenza non vuole lasciarlo per motivi religiosi (è cattolica e considera il matrimonio un legame per la vita). Eppure ha già cercato una volta di separarsi, per poi tornare a vivere in questa coppia simbiotica, dove c'è poco spazio per un figlio, soprattutto nell'immaginario di lui. Solo in seguito è emerso che dietro l'angoscia della separazione coniugale si celava l'ombra di altre separazioni traumatiche. Prima di compiere sei anni e di cominciare la scuola, Ornella ha vissuto infatti coi nonni, che subito dopo si sono ammalati. Così lei si è mal abituata ai distacchi, e questo la tiene «incollata» a un marito che chiaramente non è alla sua altezza.

Quella di Rita, invece, non si potrebbe neanche definire una coppia. Lei ha 40 anni. È una colf e lavora sodo per riuscire a mantenere la figlia adolescente. Si presenta in consultorio con una richiesta precisa: vuole essere sterilizzata. Spiega che altri metodi contraccettivi non sono praticabili: l'uomo con cui ha una relazione non vuole usare il preservativo, mentre la pillola le dà dei disturbi collaterali.

Piano piano emerge la storia della sua vita. Il suo partner, Gregorio, è anche il suo datore di lavoro. È un professore di liceo, ha un carattere eccentrico e vive solo. Rita è andata a fare la colf da lui, diventandone poi l'amante. Ogni tanto lui la invita per il weekend in alberghi di lusso nei quali fanno molto sesso. Una volta a casa, tutto torna come prima, e lei riprende a fare la cameriera. Purtroppo, Rita non è solo la vittima di Gregorio, ma anche la sua complice. E la sua storia personale è costellata di insuccessi sentimentali con uomini precedenti, tra cui il padre di sua figlia.

Gregorio è un personaggio strano ed egoista; non vuole un legame stabile, ma preferisce una storia senza impegno con una persona che dipende da lui economicamente. Lei accetta questo ruolo perché si sente sola e valorizzata dall'intelligenza e dalla cultura di un professore. In realtà, Gregorio è un vero maldestro nell'intimità, rifiuta dolcezza e carezze, esige solo sesso: come e quando vuole lui. È dipendente dalla madre anziana in modo quasi patologico: lei lo tratta ancora come un bambino, facendogli continue osservazioni sulle scarpe sporche o i pantaloni mal stirati.

Che fare in questi casi di schiavitù sentimentale? Innanzi tutto, far capire alle persone come Rita che sono più complici che vittime. E poi offrire nel corso dell'eventuale psicoterapia un «nutrimento» affettivo sostitutivo, affinché possano sganciarsi dalla dipendenza dal compagno-padrone.

Il perdente che c'è in noi

Spesso dentro di noi c'è una parte «perdente», che arriva a sabotare – senza che ce ne rendiamo conto – circostanze ed eventi della nostra vita in cui invece vorremmo essere felici. È il caso di Iris. Ha 38 anni, proviene da una famiglia agiata ed è figlia unica. Non riesce a sposarsi, e dopo l'ennesimo fallimento sentimentale si sente depressa e inutile. Ha avuto successo sul lavoro, ma non nel suo bisogno primario: l'amore. Con i potenziali partner è abbastanza esigente, li deve poter stimare e ammirare; inoltre non è favorevole ad attività sessuali del tipo «mordi e fuggi». Gli uomini dicono che fa paura perché è troppo sicura e indipendente. In realtà è insicura e a volte triste, anche se riempie la propria solitudine con una fitta rete di amiche e un'intensa vita sociale. La scorsa estate ha conosciuto Leo, un ultraquarantenne che stava divorziando. Dopo aver vissuto una bella storia d'amore, lui le ha detto che non aveva ancora «metabolizzato» il proprio divorzio e che preferiva storie poco impegnative a un nuovo legame.

Iris è elegante, intelligente, e anche un'ottima cuoca; come mai non riesce a trovare il suo principe azzurro? Purtroppo è prigioniera del proprio passato e di un padre autoritario e narciso che, a settant'anni, la tratta ancora come una bambina. Iris pensa di non essere in grado di avere successo, perlomeno in campo sentimentale. Sul lavoro, invece, ha intrapreso un mestiere simile a quello paterno: è direttrice di un grande negozio di arredamento. Lui, per mostrarsi generoso, le ha anche intestato delle case, di cui però Iris deve pagare i mutui. Dato che il valore degli immobili è nel frattempo diminuito, lei ora si trova a dover ringraziare il padre e a lavorare come una pazza per poter assolvere gli impegni con le banche. Lui continua a criticarla, deluso di aver avuto una figlia invece del maschio che sognava. E siccome lei ha perso la fiducia in se stessa, il padre continua a mostrarsi sempre più deluso. Prigioniera di questo circolo vizioso, Iris ha alternato momenti di rabbia a eccessi di seduzione, per tentare di conquistare un padre così narciso e inaccessibile. Non c'è riuscita, e ha cominciato a dubitare di sé. Così continua a essere schiava di questo comportamento e di una rabbiosa insicurezza, anche verso gli uomini, che altro non sono che «attaccapanni emozionali» di aspettative deluse nel rapporto con il padre.

Sono molte le donne che, come Iris, sono state bambine obbedienti, in famiglie dove solo il padre tirannico aveva il diritto di desiderare e decidere. Ancora adesso il padre di Iris gioca a fare il patriarca, rifiutando di sentirsi più debole e di delegare. Usa il denaro per mantenere il suo potere e al tempo stesso impedisce alla figlia di crearsi una vita affettiva autonoma. Nei primi tre mesi di terapia Iris ha fatto molti progressi. Ha capito che è inutile esigere da me soluzioni miracolose, e che bisogna invece creare le condizioni concrete per trovare l'uomo giusto. Ormai nel suo ambiente i possibili mariti non sono molti. E visto che Iris ha già trentotto anni, dovrebbe forse cambiare città, giro di conoscenze, e soprattutto autonomizzarsi dal rapporto paterno. Per questo stiamo mettendo a punto una serie di strategie.

Iris ha iniziato a persuadersi che è inutile continuare ad arrabbiarsi per il comportamento di suo padre; è illusorio sperare che un giorno cambi, dandole quell'affetto e quel riconoscimento che non ha mai ricevuto. Credo che inizi a far scendere il padre dal suo piedistallo, e questo sarà il punto di partenza per trovare un accordo con lui. Spesso bisogna sapersi congedare dal passato per poter progettare il futuro. Insomma, Iris ha capito qual è il meccanismo che la costringe a essere una perdente: solo sciogliendo il blocco irrisolto con il padre potrà vincere in amore.

E se fossimo noi stessi il nostro peggior nemico? Se si nascondesse dentro di noi, e non fuori di noi, negli ostacoli esterni, quel che ci impedisce di raggiungere la felicità? È quanto si sostiene in un libro provocatorio, intitolato proprio *Il tuo peggior nemico*.[10] Gli autori, Steven Berglas e Roy F. Baumeister, ritengono infatti che l'arte sottile di farsi del male abbia in realtà un valore strategico: salvarci da un successo che non ci sentiamo in grado di gestire.

La paura del successo è molto evidente nella storia di Beatrice. Ha 32 anni, pesa 86 chili ed è incinta. Chiede un consulto per delle crisi di panico legate al timore che il bambino di cui è in attesa sia anormale. L'angoscia è dovuta al fatto che la precedente gravidanza è stata molto difficile. È stato deciso un parto cesareo, e la bimba, nata prematura, ha avuto una piccola emorragia cerebrale. È stata soprattutto la lunga degenza nel reparto di neonatologia che ha angosciato Beatrice. Per fortuna, il marito è sempre stato molto presente, e ha passato diverse ore a «parlare» alla bambina, Rosa. Beatrice invece ripeteva: «Chissà cosa succederà quando staccheranno i tubi; andarla a visitare è come entrare in un rifugio nucleare!». E infatti, l'ingresso del reparto prematuri era difeso da una doppia porta, per proteggere i neonati dalle infezioni. In realtà Beatrice temeva che la sua bambina non riuscisse a sopravvivere, e per evitare un'insopportabile sofferenza aveva messo a punto una specie di lutto preventivo, staccandosi da Rosa. Un'altra tappa difficile da superare è stata quella dell'allattamento. Quando la bimba era ancora nell'incubatrice, Beatrice si è rifiutata di farsi «tirare» il latte per poi metterlo nel biberon. Quando però la piccola ha raggiunto i due chili di peso, ha potuto prenderla in braccio e si sono attivati i meccanismi dell'attaccamento materno. Cos'era successo? Credo che, al di là di questi meccanismi tradizionali ben descritti da Bowlby,[11] ne fosse scattato un altro di difesa preventiva. Questo tipo di comportamento, che potrebbe essere considerato freddo ed egoista, è in realtà una forma arcaica di protezione psicologica. Con il tempo, comunque, il rapporto madre-figlia si è normalizzato. Ora che Beatrice e il marito hanno deciso di avere un altro figlio, sono riemerse vecchie paure e preoccupazioni.

I meccanismi del perdente

Dietro il comportamento perdente esistono svariate personalità che abbiamo in parte già identificato. Cerchiamo ora di riassumerle.

Castrati e insufficienti

Che non ci sia niente «fuori» o niente «dentro», il principio generale è in questo caso l'insufficienza. Pensiamo a com'è rivelatore il linguaggio parlato: definiamo «senza palle» persone deboli e insicure (donne comprese), e «con le palle» quelle che mostrano un atteggiamento aggressivo e determinato. Il ricorso agli attributi virili non è casuale: il ruolo di vincente è considerato da sempre maschile, mentre la castrazione è assimilata alle caratteristiche anatomiche femminili. I vecchi pregiudizi sono duri a morire.

Gli affetti dalla sindrome del «non sono degno»

Abbiamo dimostrato come alcune persone, per sensi di colpa o vergogna, si sentano insufficienti, indegne, o addirittura degne di punizioni che possano soddisfare il loro bisogno di espiazione e placare un Super-io tirannico. È questo il mondo di cui si occupa la psicoanalisi, qualora le persone affette da tale sindrome accettino di entrare in terapia, per comprendere le colpe passate (vere o soprattutto presunte), che compromettono la riuscita, la felicità e, in ogni caso, la realizzazione del proprio potenziale umano.

Le vittime perseguitate

Come i paranoici, esse vivono nella convinzione che i cattivi siano gli altri, e che loro siano solo sfortunate e ingiustamente penalizzate. Queste persone finiscono per assumere comportamenti perdenti perché non hanno sufficiente elasticità per mettersi nei panni degli altri o per fare una sana autocritica. La loro rigidità è dovuta alla prevalenza del sistema proiettivo sull'introspezione, per cui attribuiscono la colpa quasi sempre agli altri. A volte riescono a persuadere l'interlocutore di aver ragione, a volte tale comportamento li rende caratteriali, poco collaborativi e, in ultima analisi, perdenti. Continueranno a sentirsi vittime perseguitate e, in alcuni casi, riusciranno a sublimare questo sentimento diventando oppositori del regime (sia esso politico, aziendale o semplicemente familiare).

Schiacciati dal passato

Se il perdente «congiunturale» finisce per subire i contraccolpi di una situazione difficile attuale (i cosiddetti «life events»), il vero perdente è sotto il giogo del passato. È il caso di Nicole Castioni,[12] deputata al parlamento svizzero di Ginevra, giudice e consigliere municipale, nonché autrice di un libro nel quale racconta la sua drammatica esperienza, in cui prima è stata sedotta e poi spinta alla prostituzione da un mascalzone. Questi inizialmente le aveva fatto balenare l'immagine della dolce vita in Costa Azzurra, chiedendole poi di guadagnare soldi perché tale vita potesse continuare, sia per lei che per lui. Nicole Castioni spiega con intelligenza come questa situazione ad alto rischio, fatta di minacce e intimidazioni, avesse trovato terreno fertile nel suo passato personale, dato che la sua famiglia non le aveva insegnato a porsi dei limiti e l'aveva fatta crescere con l'idea di poter cedere a qualsiasi tentazione. Ma soprattutto non l'aveva protetta dalle classiche molestie dell'amico di famiglia. La rocambolesca fuga dal suo sfruttatore e una lunga psicoanalisi hanno permesso a Nicole Castioni di passare dal rango di perdente a quello di vincente. Ora è sposata, ha due bambine, e svolge con successo un'attività sociale oltre che politica (si occupa appunto della riabilitazione di prostitute).

C'è però anche chi non riesce a sottrarsi al giogo del passato. Come Ernesto, 34 anni, sposato con Rina, 28. Vengono in terapia da me su consiglio del proprio medico di famiglia. Da circa un anno non fanno più l'amore, si dicono esauriti dal troppo lavoro e dal fatto che la cura di due figli difficili assorbe tutte le loro energie. Non sono degli sprovveduti, sono apprezzati professionisti, persone equilibrate che però subiscono ancora il peso della famiglia d'origine.

Il padre di Ernesto era un grande bevitore che, in seguito a un incidente d'auto, ha perso l'uso delle gambe e da allora dipende totalmente dalla moglie. Si è opposto con durezza al matrimonio del figlio, perché egoisticamente pensava che ciò togliesse energia e denaro alla famiglia. Quando, malgrado tutto, Ernesto ha voluto sposarsi, il padre ha tagliato i ponti con lui. E il figlio è caduto in depressione. Inoltre, anche a causa dello stress, ha subìto tre incidenti d'auto, per fortuna senza gravi conseguenze fisiche, ma con ingenti spese che hanno gravato pesantemente sul suo bilancio familiare già non florido.

Anche Rina proviene da una famiglia difficile. Il padre era violento, ma paradossalmente è migliorato non appena lei se n'è andata da casa. Rina ha avuto notevoli problemi col primo figlio, sofferente d'asma. Lei stessa si è poi ammalata di tumore a un'ovaia, per fortuna scoperto e curato precocemente, tanto che poi è riuscita a dare alla luce un secondo bambino.

Dietro la mancanza di desiderio che ha motivato il consulto, sembra esserci non tanto un problema sessuale, quanto difficoltà esistenziali, sia recenti sia antiche. I problemi che si sono accumulati hanno portato a un progressivo esaurimento delle energie. Si potrebbe dire che la famiglia, che dovrebbe fare del bene ed essere fonte di serenità, in questo caso finisce per risultare nociva.

Come reagire? Con il pretesto che bisognasse anche tutelare i bambini in una situazione che si stava gravemente deteriorando, abbiamo chiesto l'intervento di un'assistente sociale. Nello stesso tempo abbiamo consigliato a Ernesto, che è ancora depresso ed esprime attraverso i suoi ripetuti incidenti una tendenza all'autosabotaggio, di prendere dei farmaci antidepressivi e di iniziare una psicoterapia che lo liberi dalla residua dipendenza dalla famiglia d'origine. Deve soprattutto scrollarsi di dosso l'anatema paterno, che lo ha marchiato dal momento in cui ha voluto crearsi una nuova famiglia invece di continuare a «servire» quella di origine.

Quelli che si identificano con la vittima

Un comune denominatore di tutti i perdenti consiste nella presenza nel loro passato di un meccanismo costante, e cioè dell'identificazione con la vittima piuttosto che con il personaggio vincente della propria famiglia. Questo è il caso di Michele, che ha assunto il ruolo della vittima sessuale; e di Stefano, che si è addirittura identificato con il fratellino maggiore, morto precocemente, e di cui ha «indossato» il ruolo.

Michele, 45 anni, timido e depresso, chiede un aiuto psicologico perché da tre anni frequenta Elisa, infermiera, anche lei timida e riservata. Dopo averle fatto prudentemente la corte, ha cercato di avere rapporti sessuali con lei, ma ha fatto cilecca. E, trascorso un mese di tentativi infruttuosi, lei lo ha lasciato. Eppure, Michele ha un'erezione spontanea al mattino e un'attività masturbatoria normale. Purtroppo, una grande ansia lo attanaglia al momento della penetrazione. Come sempre in simili situazioni, si tratta di valutare se dietro l'insuccesso sessuale si nasconda una più generale tendenza al fallimento personale. Sfortunatamente è proprio questo il caso di Michele che, dopo aver conseguito la maturità classica, si è iscritto alla facoltà di economia e commercio, che ben presto ha abbandonatoperché troppo difficile per lui. Allora ha lavorato come tassista per alcuni anni e poi come contabile per un decennio. Da qualche mese è disoccupato.

Michele ha passato lunghi periodi senza alcuna vita sessuale, se si escludono sporadici rapporti mercenari. Il fatto è che con il suo comportamento inibito e la sua tendenza alla depressione Michele crea il vuoto intorno a sé, e finisce per essere lui stesso la causa della solitudine di cui poi si lamenta. Da quando è senza lavoro si annoia e moltiplica le ore trascorse al bar e il numero di sigarette fumate.

La difficoltà nell'affermazione personale, pur andando ben al di là del problema sessuale, ha però proprio nella sessualità la sua origine. Da bambino, durante una crociera ai Caraibi con i genitori, Michele ha subìto un abuso sessuale da parte di un marinaio, che ha sempre tenuto segreto. Questo evento, accaduto quando aveva solo undici anni, ha marcato la sua identità sessuale, e da allora Michele si è parzialmente identificato con un immaginario personaggio femminile, e nelle sue fantasie viene violentato come se fosse una donna.

Invece di identificarsi con l'aggressore, Michele ha optato inconsciamente per la vittima perdente. L'eventuale prospettiva di successo nel rapporto sessuale, che gli avrebbe dato la possibilità di modificare la propria vita e di ottenere qualche successo almeno in campo privato, si è scontrata con quella tendenza profondamente radicata in lui che lo costringe a identificarsi con la vittima anziché con l'aggressore, cattivo ma vincente. In questi casi è inutile mandare il paziente allo sbaraglio, spingendolo a vivere esperienze finalizzate al successo e in grado di aumentare la sua fiducia in sé. Meglio ammettere che il peso del passato è troppo forte, perché è lì che si dovranno concentrare gli sforzi dei terapeuti.

Come primo passo, bisognerà aiutare Michele a trovare un nuovo lavoro. In seguito, gli sarà utile la psicoanalisi, possibilmente con un terapeuta uomo, tappa obbligata perché possa rimettere «in pista» la propria identità virile, che è stata così minata negli ultimi trent'anni.

Anche Stefano è un quarantenne insicuro e psicologicamente instabile. È sposato con Linda. Entrambi sono alcolisti da anni, sono stati curati con terapie mediche e psicologiche, e successivamente dagli Alcolisti anonimi, in un gruppo di auto-aiuto. Chiedono un consulto per un conflitto di coppia, dopo che Linda si è sottoposta a una psicoterapia individuale che l'ha resa più autonoma sia dall'alcol sia da Stefano, ma che ha provocato un aggravamento delle condizioni psicologiche del marito. Stefano ora beve da solo, per disperazione. L'alcol sembra colmare un vuoto esistenziale e al tempo stesso placare le sue profonde angosce. Quando non è ubriaco, Stefano è sensibile e attraente; sembra persino timido e arrossisce facilmente. È già stato sposato, ma la prima moglie lo ha lasciato, accusandolo di essere troppo pessimista. Poco dopo aver divorziato, Stefano conosce Linda e la sposa. La gioia di questa donna sembra avere su di lui l'effetto di un ottimo antidepressivo. Lei desidera un figlio, rimane incinta, ma purtroppo subito dopo la nascita si scopre che il neonato ha una malformazione intestinale. Per fortuna, l'operazione di chirurgia pediatrica a cui viene sottoposto riesce, e il bambino oggi sta bene. Stefano, però, continua a non credere nella vita e nella possibilità di riuscire. Si troverà una spiegazione a questa sua tendenza al sabotaggio nei colloqui successivi, in cui mi racconterà che lui è nato dopo un fratellino, Stefano, morto in tenerissima età, del quale dunque ha «ereditato» il nome e, inconsciamente, la tendenza a una tragica fine. Non appena Linda compie un'evoluzione personale positiva e cerca, anche nella coppia, di stabilire un nuovo equilibrio, Stefano mette in atto uno dei suoi abituali sabotaggi: per esempio, si fa arrestare in macchina in stato di evidente ubriachezza, perde la patente e anche il posto di lavoro. Più che irritazione ispira pietà, perché racconta che da piccolo tutte le domeniche la mamma lo portava al cimitero sulla tomba del fratello morto: questo gli fa vivere tuttora ogni weekend non con gioia ma con tristezza. Come ha potuto Linda sopportarlo per tanti anni? Anche in questo caso la spiegazione è da ricercare nel passato di lei, in un'oscura storia d'incesto vissuta da piccola, che come spesso capita ha minato il suo sentimento di autostima.

Stefano e Linda non sono felici, hanno pochi sogni o progetti comuni, ma chiedono alla coppia di permettere loro almeno la sopravvivenza. Questa codipendenza è diventata necessaria dopo che entrambi hanno fallito nel tentativo di «sganciarsi» dal passato. Stefano è ancora prigioniero dell'identificazione con il fratellino morto, mentre Linda sta uscendo faticosamente dall'esperienza incestuosa che ha minato l'autonomia del suo Io in pieno sviluppo. La situazione è grave, soprattutto per Stefano, che non tollera la frustrazione e vive il colloquio psicoterapeutico come «acqua fresca» rispetto al potere «terapeutico», ancorché illusorio, dell'alcol. Purtroppo, il suo futuro offre poche speranze e un po' crudelmente bisognerà scegliere, e decidere quindi se aiutare Linda a continuare il suo processo di maturazione, anche se ciò comporterà dei rischi per Stefano.

Per vivere meglio

Alla fine di questo capitolo sui perdenti, credo si possano delineare alcune strategie, tutte basate su un concetto essenziale: tutelarsi.

1. *Sul lavoro: selezionate con cura.* Prevenire è meglio che combattere: bisognerà quindi selezionare con prudenza soci e collaboratori, magari sottoponendoli a un esame grafologico, e analizzare con cura la loro storia professionale precedente. Anche nella scelta di un medico, di un consulente finanziario o di un avvocato, è bene non fidarsi delle apparenze, verificare le informazioni per «sentito dire» e ascoltare il parere di chi li ha già sperimentati. Hanno ragione gli assicuratori quando fanno statistiche di «traumatofilia», in base alle quali certe persone risultano più soggette al rischio di ripetere un incidente.

2. *In amore: incoraggiateli, non compatiteli.* L'amore, come si sa, è cieco, e quindi è difficile consigliare di stare alla larga da certe personalità difficili (che siano perdenti o, come abbiamo visto, paranoiche o tiranniche). Comunque, se i perdenti della nostra vita fossero già saldamente piazzati nella nostra camera da letto, è importante evitare di fare le crocerossine o i cani San Bernardo, sempre pronti a soccorrere e compatire. Non bisogna sostituirsi a loro, né far loro prediche (con frasi del tipo: «Te l'avevo detto...»), bensì incoraggiarli. Altrimenti li si convincerà ulteriormente delle proprie scarse possibilità. Infine, bisogna dare loro nuove responsabilità, che siano in grado di sostenere.

3. *Aiutateli a trasformare le sconfitte in possibili vittorie.* Sia nella vita privata sia in quella professionale, ecco quattro punti su cui potete «lavorare» per aiutare i perdenti a vivere meglio, insegnando loro a:

a) partire da sé e dalle proprie esigenze, piuttosto che dai bisogni altrui;

b) non generalizzare, ma affrontare direttamente il problema;

c) relativizzare gli eventi negativi, dato che spesso è possibile trasformare una sconfitta in una vittoria;

d) rispettare la loro difficoltà di cambiare, accettando il fatto che certi mutamenti sono lenti e incompleti.

VIII

Gli inaffidabili

È un agosto afoso. Carmela, che vive in una cittadina della Campania, è a Roma per una visita medica. Chiede a un passante la strada per il Policlinico, ma questi, per non fare una brutta figura, le dà un'indicazione errata, costringendola così a camminare un quarto d'ora di troppo sotto il sole. Carmela ha appuntamento davanti all'ospedale con il suo compagno, Ruggero, che però, come succede spesso, è in ritardo. Egli, infatti, non solo è sbadato ma anche sentimentalmente inaffidabile, abituato com'è, nella sua leggerezza, a non preoccuparsi delle esigenze degli altri. Eppure, questa volta Carmela ha veramente bisogno di lui: è nella capitale perché la macchina per la mammografia, nell'ospedale del suo paese, è guasta, e fare l'esame in una clinica privata sarebbe stato per lei troppo costoso; inoltre, una volta raggiunto il Policlinico, prima di essere visitata viene costretta a una lunga attesa. La sua giornata è stata disturbata da tre figure di inaffidabili: il passante, il partner e... la Sanità.

La nostra vita non deve – e non potrebbe neppure – essere programmata fin nel minimo dettaglio: sarebbe sicura, certo, ma anche prevedibile e noiosa. A volte però gli inaffidabili, oltre a movimentarci l'esistenza, ci colmano di amarezza. E anche quello che si presenta come un diversivo, in una vita troppo tranquilla può diventare una tragedia. Lo sa bene Sabina che, per ribellarsi a un padre noioso e a una madre troppo «strutturata», ha corso grandi rischi durante l'adolescenza, scappando con un deejay che ha cercato di indurla a prostituirsi, «una volta ogni tanto», come diceva, per qualche dose di cocaina.

Gli inaffidabili sono quelli di cui, appunto, non ci si può fidare, su cui non si può contare: uomini incostanti che rifuggono da qualsiasi impegno, adorabili mascalzoni che si fanno vivi solo quando ne hanno voglia, mariti divorziati che pagano sempre in ritardo l'assegno per i figli o magari non lo pagano affatto, donne-farfalla che promettono e subito dimenticano, distratte da qualcosa di più interessante.

Anche nei rapporti sociali, gli inaffidabili abbondano: l'amico che arriva sempre in ritardo, o non si presenta affatto alla nostra festa, senza darci alcuna spiegazione; l'amica sempre disponibile quando si tratta di fare shopping o andare al cinema, ma che latita quando abbiamo davvero bisogno di lei.

E sul lavoro? Ci sono persone che non rispettano mai le consegne, che perdono i documenti, che casualmente hanno avuto un guasto al computer proprio il giorno in cui la loro relazione doveva essere finita...

Dal punto di vista strettamente psicologico, però, gli inaffidabili non sono tutti uguali. Come abbiamo visto nel caso di altre tipologie di personalità difficili, possiamo fare una distinzione tra inaffidabili congiunturali o settoriali (solo in determinate occasioni e in alcuni campi) e inaffidabili strutturali (sempre e comunque): l'inaffidabilità di questi ultimi è la conseguenza di un disordine della personalità che li spinge a seguire i propri impulsi senza tener conto della realtà delle relazioni con gli altri.

È fondamentale, per il bambino, sviluppare un sentimento di fiducia, per crescere al riparo dalla paranoia o da gravi depressioni. In questa fase, così importante, di dipendenza dall'adulto, sapere che intorno c'è un universo su cui poter contare, e che la poppata (o il biberon) arriverà al momento opportuno, è essenziale per lo sviluppo ulteriore del neonato. Questi atteggiamenti degli adulti, infatti, vengono progressivamente interiorizzati e diventano il fondamento della fiducia in se stessi e nei propri mezzi.

L'inaffidabile, con il suo comportamento, finisce invece per incrinare la corda sensibile della fiducia altrui.

Ma l'amore è inaffidabile?

A questo punto sorge spontanea una domanda: ma l'amore, con tutti i suoi turbamenti, dev'essere affidabile o inaffidabile? Vediamo di capirlo analizzandone la manifestazione più intensa: il colpo di fulmine.

Il colpo di fulmine è imprevedibile...

Si tratta di uno stato emotivo intenso, quasi uno shock, provocato da una fascinazione violenta e improvvisa.

Come diceva Jung, le persone infatuate sono come due sostanze chimiche che entrano in reazione, trasformandosi in maniera ineluttabile. Si tratta di una «divina sorpresa», che spesso viene vissuta drammaticamente. Il corpo, in effetti, reagisce intensamente, con manifestazioni neurovegetative: tachicardia, sudorazione, alterazioni della pelle con arrossamento o pallore cadaverico.

Ma da dove nasce questa reazione così intensa e, soprattutto, avviene veramente per caso? Il colpo di fulmine è come il «richiamo della foresta» di Jack London, che risveglia frammenti della memoria. Vi prevale il meccanismo psicologico dell'illusione: la persona che provoca un simile stato d'animo è spesso soltanto l'«attaccapanni» di un evento antico che viene bruscamente riportato in superficie. Questo brusco ritorno dei ricordi rimossi spiega tra l'altro l'intensità dei fenomeni neurovegetativi. Il colpo di fulmine non fa parte di un destino ineluttabile, lo si vive piuttosto quando si ha una certa disponibilità a riceverlo. In altri termini, *fulminabili si nasce, ma fulminati si diventa.*

Per Freud, il colpo di fulmine assomiglia a un fenomeno patologico, a una disorganizzazione della personalità simile a uno stato psicotico transitorio. Esso provoca, inevitabilmente, un cambiamento in cui molti individui vedono non una risorsa ma un pericolo, con l'eccezione dei «drogati» del colpo di fulmine, personalità che hanno bisogno di emozioni intense per sentirsi vive. Se non sperimentano infatuazioni ricorrenti, cadono infatti in una profonda depressione.

Proprio come avviene negli animali, negli uomini, anche se più raramente, l'attrazione irresistibile può essere causata da odori (feromoni). Nell'essere umano, però, prevale l'importanza dello sguardo, di una certa sensazione, o anche di impalpabili affinità elettive. Ed è infatti quanto ritroviamo nella letteratura: basti pensare alle poesie di Saffo, alla *Fedra* di Racine... o a tutte le variazioni sul tema offerte dalla grande macchina dei sogni hollywoodiana: come nel thriller passionale *Brivido caldo*,[1] in cui il protagonista maschile (William Hurt) perde la testa per una bellissima sconosciuta (Kathleen Turner), che sta mangiando in maniera molto sensuale un gelato...

Ma il colpo di fulmine, così imprevedibile, può essere affidabile, può diventare cioè la base su cui costruire un amore solido? Dipende. Perché, come abbiamo visto, il colpo di fulmine ha un'intensità, dovuta anche a un elevato grado di anonimato, che rende l'incontro misterioso, addirittura magico. È basato su un'illusione e, quindi, il suo grande nemico è il tempo. O si estingue in qualche giorno, oppure si trasforma in un altro fenomeno amoroso, l'innamoramento, nel quale non prevale più l'illusione ma l'idealizzazione. L'altra persona è considerata nella sua realtà, ma viene spogliata di tutti i difetti e adornata di tutte le qualità. In una fase ancora successiva, perché la coppia duri, dovrà avvenire una terza trasformazione: il passaggio dall'innamoramento all'amore vero e proprio attraverso la deidealizzazione dell'oggetto amato e la «riscelta» di questi nella sua forma più autentica, con le qualità e i difetti che gli appartengono.

È insomma necessario che la coppia continui a impegnarsi per superare malintesi e momenti di difficoltà. Solo così il fascino abbagliante del colpo di fulmine si trasformerà nella luce di una lunga giornata estiva.

... ma la vita coniugale è affidabile e prevedibile

È frequente che la passione persista in ambito coniugale? E se è così, l'amore coniugale non diventa affidabile, e quindi talmente prevedibile da spingere a vivere le passioni altrove? In una recente trasmissione radiofonica con Enrica Bonaccorti, ci siamo domandati se la passione sessuale sia ancora preminente rispetto ad altri desideri. Dalle prime telefonate è emerso che le «3M» sono state sostituite dalle «3S». Le «3M» tradizionali dell'uomo erano: Macchina, Moglie e Mestiere. L'italiano medio voleva cioè sposarsi, trovare un posto di lavoro fisso e avere una bella macchina. Oggi sembra che a tutto questo vengano preferiti Soldi, Sesso e Successo. Più che un posto di lavoro l'italiano vuole il successo, indipendentemente dal proprio mestiere. Più che una macchina in sé, conta il denaro che permette di acquistarla (e magari non basta nemmeno l'automobile, ma ci vuole anche la barca). Infine, più che una moglie, e quindi un rapporto affettivo stabile, viene ricercato il sesso che non deve necessariamente far parte della vita coniugale.

Nella seconda parte della trasmissione, le «3S» di cui si è parlato sono state definite «le 3S della stupidità», e si è proposto di sostituirle con altre «3S»: Saggezza, Serenità e Salute. Valori, questi, più affidabili, che durano cioè nel tempo, a differenza dei precedenti, che procurano emozioni più intense ma più effimere. Del resto, si sa, la passione spaventa per la sua violenza. Quella violenza che anima, per esempio, un romanzo insolito come *Follia*,[2] che racconta di una tranquilla (ma insoddisfatta) donna della borghesia inglese, annoiata moglie dello psichiatra di un manicomio criminale, che perde la testa per uno scultore uxoricida e lascia tutto per seguirlo. Una passione senza freni né confini, una follia erotica che finirà in tragedia, ma soprattutto un libro che, senza lancio pubblicitario, solo grazie al tam tam dei lettori, ha scalato le classifiche dei best seller. Segno di quanto attragga l'imprevedibilità della passione.

Al tempo stesso, però, l'inaffidabilità della follia amorosa fa sempre paura. Sono molti gli uomini che temono che dietro la «fata» di cui si innamorano si nasconda una strega, e molte le donne che sospettano che dietro il maschio seducente si celi un mascalzone. Persone vulnerabili alla delusione sentimentale, al punto da riversare il loro bisogno d'amore su passioni parallele (il lavoro, l'arte, l'impegno politico) che appaiono più affidabili.

Anch'io, del resto, ho spesso constatato che le coppie più soddisfatte sono quelle che hanno dato una certa stabilità al loro rapporto affettivo spostando la passione in un ambito diverso da quello della vita a due, e non ricercandola necessariamente in un'altra persona.

Cosa consigliare, dunque? Si può scegliere solo tra un colpo di fulmine imprevedibile e un matrimonio prevedibile? L'ideale sarebbe trovare un partner *affidabile e nello stesso tempo imprevedibile*. In alternativa, la passione per il proprio lavoro e i propri hobby, oltre che l'amore per il partner, al di là di ogni illusione romantica, sembrano essere buone formule per far prosperare la vita coniugale.

La «pornografia dei sentimenti»

Un recente film hollywoodiano, *Ricominciare a vivere*,[3] si apre con una scena in cui una giovane donna (Sandra Bullock) si trova come ospite in un talk show di sentimenti, tipo *Stranamore*. È stata la sua migliore amica che le ha chiesto di partecipare, senza darle altre spiegazioni. Soltanto in diretta le rivelerà la ragione dell'invito: da un anno è l'amante di suo marito.

Surreale ma non troppo, questo film ci presenta uno scenario attualmente molto diffuso: quello che io chiamo «pornografia dei sentimenti». Perché, come nei film a luci rosse la macchina da presa si ferma esclusivamente sulle zone genitali, così, in alcuni spettacoli, l'attenzione dei mass media è concentrata solo sulle emozioni: un amore sfortunato, una separazione, un lutto, ma anche l'esibizione del proprio successo con l'altro sesso.

Divi di piccolo e grande nome, attori, rockstar, ma anche persone comuni, portate dal caso o da un fatto di cronaca sotto l'occhio dei riflettori, si rivelano totalmente inaffidabili e danno in pasto a migliaia di sconosciuti ciò che dovrebbe rimanere intimo e segreto.

Alcune trasmissioni televisive di grande successo sono proprio basate sulla messa in scena di conflitti coniugali, che certe coppie accettano di raccontare in pubblico, convinto com'è ciascun partner di aver ragione e di ridicolizzare l'aborrito coniuge. Raramente queste trasmissioni sono terapeutiche; il buon conduttore, apparentemente affidabile, cerca in realtà di smascherare il punto debole di ognuno per creare l'effetto sorpresa. C'è quindi una bella differenza tra uno spettacolo del genere e una seduta terapeutica, dove nel privato di una relazione a due lo psicologo cerca il punto debole del paziente, non per fare audience ma per aiutarlo.

Una seconda forma di inaffidabilità affettiva e di violazione della privacy sono le confessioni autobiografiche, soprattutto quelle di alcune dive che, invecchiando e non potendo più mostrare la propria bellezza, finiscono spesso per esibire una biografia più o meno pepata.

Anche Osvaldo, attore di teatro in declino, ha fatto a 61 anni rivelazioni retrospettive di adulteri, e di un figlio illegittimo, che hanno sconvolto sia la sua compagna attuale sia il figlio adolescente. Tutto questo per un disperato tentativo di calcare ancora la scena.

Ancora più assurdo il comportamento di Marta, che in nome della sincerità ha fatto confessioni crudeli ai propri «cari». Il figlio, che ho seguito in terapia, è rimasto scioccato dalla descrizione degli aborti della madre, mentre il compagno attuale ha avuto una brusca caduta della libido.

E c'è chi su questa confusione tra pubblico e privato ha

basato un brillante e sarcastico film: il geniale Woody Allen, che in *Harry a pezzi*[4] è un romanziere di successo che racconta, cambiando appena il proprio nome e pochi particolari, di come abbia tradito la moglie con la cognata. E quindi, in nome del suo romanzo, finisce per umiliare tutte le persone che gli sono state vicine e che ha amato...

Un narcisismo inaffidabile che è tipico, del resto, di molti registi e scrittori, che vampirizzano chi sta loro intorno per ricavarne soggetti di film o libri.

Ma allora, in conclusione, chi è che possiamo considerare veramente affidabile? La persona che vive sentimenti autentici ma sa poi anche conservarli nello scrigno del suo cuore, senza cedere alla tentazione di pubblicizzarli in nome di un'assoluta quanto problematica trasparenza.

Uomini inaffidabili

L'elenco dei maschi inaffidabili è purtroppo lungo... E qui mi trovo a dar ragione a certe quarantenni single, che fanno fatica a trovare un compagno in cui riporre la propria fiducia, e che magari finiscono invece per inciampare in uno dei tanti inaffidabili.

Il seduttore seriale

A volte capita di incontrare uomini e donne «marginali», affascinanti ma «a tempo», come una bomba a orologeria, e regolarmente inaffidabili, difficili da gestire in pubblico e soprattutto in privato.

È il caso di Arturo, 44 anni, pubblicitario free lance (come ama definirsi), con un grande bisogno di sedurre tutte le belle donne che incontra. Non disdegna le prostitute d'alto bordo, e il suo massimo godimento è portarle a letto senza pagarle. Ma poi dal punto di vista sessuale non combina granché, preferendo di gran lunga ricevere prestazioni orali. Il suo dramma è che, per rinforzare il suo Io e per rimediare a una scarsa fiducia nella sua virilità, si sente quasi obbligato al ruolo fisso del «seduttore seriale». Anche se sa già che poi non riuscirà a concludere nulla.

Arturo è spesso in preda a un'angoscia che lo porta anche a eccedere nel bere. L'alcol gli ha già giocato brutti scherzi, facendogli perdere il posto fisso in un'agenzia di pubblicità: una prova, questa, di come la sua distruttività finisca spesso per avere la meglio sui suoi slanci vitali. Si potrebbe dedurne che basta evitare un uomo del genere per non subirne la tirannia. Purtroppo, non di rado questi personaggi «difficili» riescono a risvegliare in alcune donne l'istinto della crocerossina. Inoltre Arturo, nella sua disperata lotta contro l'angoscia che lo attanaglia, è abilissimo. È infatti capace di gesti e di atteggiamenti seduttivi che, pur costandogli un grande dispendio di tempo e di energie, fanno sentire le donne regine. In ambito professionale resta un marginale vagamente creativo, che sogna di fondare uno studio gigantesco in un paese emergente, la Bulgaria. Nel privato, invece, il bluff della seduzione è più difficile da smascherare.

Arturo, insomma, sogna e fa sognare, anche se per breve tempo, visto che poi, una volta in camera da letto, la sua impotenza lo obbliga a uscite di scena precipitose e mal gestite. Narciso e fondamentalmente insicuro, Arturo segue solo i suoi moti interni. E quando seduce non lo fa perché ama le donne, ma per verificare se «esiste» ancora.

Gli uomini inaffidabili, inoltre, in genere invecchiando non perdono le loro pessime abitudini, come testimonia Marcella, che mi ha confidato: «Mio marito ha 78 anni ben portati, io 68, e continuiamo ad avere rapporti sessuali regolari. Ora però ho il timore, anzi la certezza, che frequenti altre donne: spesso ci sono telefonate e assenze misteriose. Nei cinquant'anni del nostro matrimonio lui è sempre stato soggetto a cotte e innamoramenti. Non smetterà mai? Mi illumini sul sesso degli anziani!».

Il punto è che se la vitalità sessuale declina con l'età non diminuisce invece il bisogno di sedurre e di piacere

Anzi, certi uomini più invecchiano e più devono «verificare» i loro dubbi, attraverso seduzioni «in serie» e vagabondaggi erotici. Capisco l'amarezza di Marcella ma, dopo cinquant'anni insieme, non credo sia il caso di ridiscutere le scelte coniugali.

L'uomo double face

Lavinia ha 40 anni. Si è sposata una prima volta a venti. Un matrimonio tranquillo, conclusosi quando lei ha conosciuto il grande amore, l'uomo che ha segnato la sua vita. Una grande passione finita in modo tragico: lui è morto in un incidente. Lavinia ha vissuto anni di lutto, di dolore totale. Poi, con l'aiuto di una carissima amica, lentamente è rinata. E piano piano si è riaperta alla vita.

Due anni fa ha conosciuto quello che sarebbe diventato il suo secondo marito: un uomo sensibile, entusiasta. Forse un po' troppo frettoloso: dopo una sola settimana, infatti, le dichiarava già eterno amore, diceva di volerla sposare e avere subito un figlio! Questa sua impazienza l'ha un po' spaventata. Anche perché, per vivere insieme a lui, avrebbe dovuto lasciare la sua città... E Lavinia aveva paura di soffrire, di «perdersi». Però lui è stato tenace e paziente, tanto che lei ha deciso di trasferirsi.

Ed ecco l'amara scoperta: lui si è rivelato possessivo e geloso, al punto da picchiarla (e chiederle poi perdono in lacrime, come da copione). Lei, nonostante tutto, l'ha sposato: un classico errore da «crocerossina». Sperava che il suo amore e il matrimonio bastassero a cambiarlo, ma così non è stato. Lui, dopo le nozze, si è sentito soffocare dalla responsabilità di essere un marito, non aveva più voglia di fare l'amore, mostrandosi sempre nervoso e taciturno. Poi le cose sono precipitate: botte, pedinamenti, scenate...

Ora Lavinia se n'è andata. È tornata a essere una donna sola e cerca, a fatica, di vivere senza di lui. Si chiede dove ha sbagliato, e com'è possibile che un uomo possa cambiare in modo così repentino. Si domanda se ha sposato un pazzo. Ma lui non è un pazzo in senso psichiatrico; pur soffrendo di una grave nevrosi fobica.

Analizziamo il comportamento che ha tenuto con Lavinia. All'inizio ha cercato ansiosamente un porto dove «ormeggiare». Una volta trovatolo, la sua ansia si è trasformata in angoscia, in una specie di «sindrome della corda al collo» o di «claustrofobia da matrimonio». Per fare un'analogia di tipo alimentare, quest'uomo ha sofferto, nei confronti di Lavinia, prima di bulimia e poi di anoressia. Non sa trovare la giusta distanza emotiva, né un confortevole ritmo dell'intimità, che per lui può essere solo concitata frenesia o immobile paralisi. Questi uomini sono un vero disastro per la vita di coppia, come i narcisi e i paranoici.

Ora Lavinia deve capire i motivi di quello che è successo e «decolpevolizzarsi», perché non è complice ma solo vittima di questa situazione. Dovrebbe cercare di rimettere indietro l'orologio di due anni... Del resto, ne ha solo quaranta: ha ancora tutta la vita davanti a sé.

E, purtroppo, sono tante le donne che, come Lavinia, si innamorano di un uomo *double face*: attento e sensibile all'inizio, intollerante in seguito.

Il marito con un segreto

Elide, 51 anni, ha sposato due anni fa Davide, che ne ha dieci di meno. E ora è convinta che lui sia omosessuale. Questo perché è andato a ballare con degli amici in un bar di gay. Lui nega, ma lei è convinta che Davide voglia usarla come copertura sociale e che, malgrado una vita sessuale intensa, non sia più un marito affidabile. Sono stato a lungo indeciso se «classificare» lei come paranoica o lui come inaffidabile. Il dubbio permane, dato che la coppia non si è più presentata alle sedute di terapia.

Anche Angela, 32 anni, sposata da otto con Renato, che ne ha 37, è delusa, perché, dopo essere stata moglie e mamma esemplare, viene ora accusata di aver messo su qualche chilo e di non essere attraente come una volta. Inoltre ha scoperto che Renato pratica in segreto un erotismo trasgressivo bisex, in cui sono previsti anche scambi di coppie (nei quali coinvolge però solo l'amante). È sempre stato un edonista poco affidabile, anche prima di sposarsi. E per lui questi giochi sono possibili soltanto se la moglie Angela, che ne viene rigorosamente esclusa, rimane un punto fermo nella sua vita affettiva. Ma lei ora, dopo aver scoperto tutto, è piena di rancore perché si sente defraudata da questo marito a mezzo servizio. Ha ragione, perché Renato è scisso nei ruoli, ma ha anche torto, perché lui è sempre stato così e lei ha sposato un'illusione, che lui fosse diverso.

La litania dei partner inaffidabili non avrà mai fine perché ci sarà sempre la scoperta che l'altro beve, è sieropositivo, ha un figlio segreto, un amore parallelo. Sicché ci si deve domandare: è sempre valida la tesi per cui la prima qualità del coniuge è quella di essere affidabile? Una domanda provocatoria, ma non troppo.

L'inaffidabile a sorpresa: ovvero, meglio non fidarsi delle apparenze

Quello di cui più spesso si lamentano i coniugi è che il partner li ha ingannati. Questo, però, non è sempre del tutto vero, perché nei rapporti esistono più complici che vittime.

Ci sono in effetti persone che sembrano affidabili, se non dal punto di vista sentimentale almeno da quello erotico. Salvo poi rivelarsi assolutamente deludenti nell'intimità. Penso a certi personaggi dello spettacolo (che sono più oggetto di fantasie sessuali da parte dei loro fan che soggetti dotati di una straordinaria carica erotica), ai top manager, ai campioni sportivi.

SESSO E SPORT

Prendiamo questi ultimi, per esempio, magari medaglie d'oro sul podio ma non nell'arena erotica. Nell'immaginario dei tifosi, i calciatori sono personaggi gaudenti, come Maradona o Gascoigne, che, al pari di pirati o avventurieri, festeggiano con donne e vino le loro vittorie. In realtà, spesso ciò non accade e, se lo sport ha effetti benefici sulla sessualità di chi non svolge un'attività competitiva ad alto livello, è altrettanto vero che l'eccessiva spesa energetica può essere nefasta per la libido di chi deve raggiungere obiettivi molto alti. Secondo Finn Malher, esperto di medicina dello sport a Ginevra, nell'atleta che si trova nel periodo di più intenso allenamento la produzione di testosterone può essere inibita, e in tal caso diminuirà anche l'appetito sessuale. L'attività sportiva produce inoltre una quantità eccessiva di endorfina nel cervello, e questo ormone della calma è la principale causa di caduta della libido.

È stata poi sottovalutata l'importanza della psiche nei disturbi sessuali degli sportivi. Quando un atleta è contrariato a causa di una sconfitta, la sua libido diminuisce perché si sente come «castrato». Quindi il «narcisismo ferito da sconfitta» sembra essere la causa principale delle difficoltà sessuali degli atleti, che, come certi artisti e personaggi dello spettacolo, restano sempre dei sex symbol, ma solo nell'immaginario dei loro fan.

POTERE E IMPOTENZA

Quello che è stato appena detto vale anche per gli uomini di successo, come i politici e i top manager, che immaginiamo ipervirili dietro la loro scrivania come a letto. Ma la realtà è più sfumata.

In un recente saggio, *Management e impotenza*, la dottoressa Perner lancia l'allarme per manager, uomini politici e carrieristi: «Il potere rende impotenti». Stando ai dati della sua ricerca in Austria, uomini di successo, spesso al culmine della propria carriera, abituati a comandare e a prendere decisioni importanti, finiscono per essere stressati dall'obbligo di essere sempre all'altezza delle prestazioni, piuttosto elevate, che ci si attende da loro.

Uno stress, questo, che provoca un eccesso di adrenalina, il nemico, o meglio l'antidoto, dell'erezione. Insomma, barracuda del business ma fossili dell'attività sessuale. Questi individui adottano spesso uno stile che è stato definito di tipo A:[5] uomini attivi ma rigidi e concreti, molto centrati sulla realtà, che relegano le emozioni, la fantasia, l'immaginario in un angolo. Essi mostrano una particolare difficoltà a lasciarsi andare e ammettere le proprie debolezze, sicché un eventuale insuccesso sessuale è vissuto come una pericolosa crepa nella diga del loro funzionamento narciso.

Personalmente, ritengo che questo sia soltanto uno degli scenari possibili della relazione «sesso e potere». Ecco altre due ipotesi interessanti.

1. *Il potere come afrodisiaco.* Ho conosciuto manager e politici potenti e ambiziosi che includono un erotismo attivo nel loro modo sanguigno di concepire la vita. Si tratta di una sessualità spesso più quantitativa che qualitativa, poco rispettosa della partner, ma soddisfacente per chi la esercita. Queste persone preferiscono il sesso «macho» a quello «soft», poiché l'aggressività, negli affari come nell'alcova, serve come stimolo per abbattere ostacoli e fare prigionieri. Unico problema: la difficoltà a essere monogami.

2. *Il potere al posto del sesso.* Un proverbio siciliano recita: «Meglio comandare che fottere». E infatti, alcuni potenti della terra scelgono la castità come chi si vota alla religione. Per poter concentrare le energie sui grandi temi della vita.

Altre persone, infine, esercitano il sesso da giovani e il potere da «matusa», prendendo così dalla vita il meglio che può offrire.

L'affidabile nell'emergenza

Voglio concludere questo elenco di inaffidabili a sorpresa con un caso positivo. Mi scrive Doriana: «Ho 44 anni, vivo del mio lavoro; sono una single con molte amicizie e interessi. Ho un legame sentimentale che però sembra "fissato" in una situazione stagnante. Da tredici anni, infatti, esco con un uomo che credo di aver scelto perché, a differenza di altri, è stato ed è presente in vari momenti critici della mia vita. Nelle emergenze lui c'è, e dà il meglio di sé. Tra l'altro, nella mia famiglia d'origine ho vissuto tra una crisi e l'altra; mia madre soffriva di episodi paranoici ed era spesso collerica, esasperata anche da mio padre, generalmente assente e dedito al gioco. Probabilmente per questo, anche da adulta, ho mantenuto una certa insicurezza e l'esigenza di avere accanto un "angelo custode". Ma il problema è che con il mio compagno raramente è possibile progettare, prendere accordi e impegni precisi, anche semplici, del tipo "ci vediamo a quest'ora in questo posto". Lui tende a sbagliare, non so se coscientemente o meno, l'ora o il posto, facendomi dapprima pensare a un classico bidone, per poi giustificarsi candidamente. Mi sfugge? Non credo, perché poi mi fa delle belle sorprese, mi viene ad aspettare all'uscita dal lavoro o in stazione. Insomma lui è presente, a patto di non dover negoziare con me tempi e modi. Non parliamo poi di progetti a lunga scadenza. E se dovessi cambiare le mie aspettative nei suoi confronti, magari smettere di considerarlo un compagno? Ma lui per me è necessario».

Doriana considera il suo compagno un inaffidabile; in realtà, diversamente dagli uomini che abbiamo considerato finora, lo è solo in apparenza. Il punto è che lei viene da una famiglia difficile, che le ha creato una mancanza di fiducia di base, per cui ha cercato negli uomini un «salvagente affettivo». Questo angelo custode con cui vive da tredici anni sembra avere molte più qualità che difetti. Credo che lui, per lei, sia davvero un compagno. Quest'uomo è attento, presente nelle emergenze, pronto a sorprenderla, cosa che spesso chiedono – senza successo – le donne di oggi. Per questo mi sembra che la difficoltà di fare progetti precisi con lui sia un peccato veniale.

Donne inaffidabili

Finora abbiamo parlato di uomini, ma ovviamente non penso che solo le persone di sesso maschile siano inaffidabili! Anche le donne hanno modi diversi di eludere e tradire le aspettative. Vediamo quali.

Incinta «per caso»

Un caso classico è quello della gravidanza «accidentale». Ci sono infatti donne che dicono, in accordo con il partner, di non volere figli. Ma poi, improvvisamente, cambiano idea. Oppure tengono segreto il loro progetto di maternità.

Camilla, 38 anni, è un medico, e da quattordici ha una relazione sentimentale con Luciano, sposato e padre di tre figli. È l'amante «storica», insomma. Ogni tanto lei cerca di rompere la relazione, ma poi torna sempre con lui. E in fondo non ha mai davvero sperato che lui lasciasse la moglie. Ora, però, Camilla ha scoperto di essere incinta. E visto che in passato ha già abortito due volte, è in ansia, non sa cosa fare. Con Luciano, aveva deciso di rinunciare ad avere figli, dato che lui ha già una famiglia numerosa. Questi propositi razionali sono però venuti meno di fronte alle ragioni del cuore, in quanto Camilla cercava comunque – consciamente o meno – di rimanere incinta.

Lei è cresciuta in una famiglia sana ed equilibrata; i fratelli e le sorelle sono tutti sposati con figli, e i suoi genitori, oggi pensionati, sono pronti ad aiutarla. Sembra amare profondamente Luciano, col quale condivide una passione singolare: il canto. Si ritrovano ogni settimana nel coro di cui fanno parte, e questo ovviamente crea anche le occasioni per ricominciare ogni volta che lei cerca di lasciarlo.

Camilla è sempre più decisa a portare a termine la gravidanza, perché ama quest'uomo alla follia, e pensa che, avendo un figlio da lui, potrà dare un senso alla sua vita. Luciano afferma che in questo modo il loro patto verrebbe meno, poiché non può lasciare la sua famiglia, pur essendo diventato a poco a poco bigamo suo malgrado. Sembra un uomo coscienzioso e responsabile, che si è trovato in una storia senza via d'uscita, se non quella di far coesistere due passioni e due famiglie.

Alla fine Camilla decide di tenere il bambino. E, per comunicarlo ai genitori, scrive una lettera a nome del nascituro, annunciando che saranno presto nonni. Mente però sull'identità del padre; ha deciso che la versione «ufficiale» sarà che lei è rimasta incinta dopo l'avventura di una notte, e che non ha intenzione di rivedere il padre di suo figlio. Insomma, ha deciso di proteggere, per amore, il suo «cronico» amante.

Come finirà questa storia? Probabilmente nel modo più classico: con un compromesso, come in migliaia di altre famiglie italiane.

Inaffidabili o eccentriche?

Ci sono donne molto disturbate; il loro comportamento eccentrico e spesso inadeguato è la conseguenza di gravi problemi personali.

Sabrina ha 28 anni, è divorziata, con un figlio di tre anni, ed è incinta. Non sa se tenere il bambino o meno, perciò viene a chiedere un aiuto al consultorio. Il marito se n'è andato durante la precedente gravidanza, e lei ha partorito assistita dalla madre, con la quale ha una relazione quasi simbiotica. Poco dopo la nascita del primo figlio, però, Sabrina ha avuto delle crisi di emicrania, quindi ha cominciato a «sdoppiarsi»: una sorta di dottor Jekyll e Mr. Hyde al femminile. Durante la settimana si occupava in maniera premurosa e amorevole del bambino anche con l'aiuto di sua madre, durante il weekend invece beveva, fumava spinelli e andava a letto con chi le capitava. Questo comportamento disordinato è durato un paio d'anni. Negli ultimi sei mesi, poi, Sabrina ha intrecciato una relazione abbastanza stabile con un uomo violento, che la picchia, soprattutto perché non sopporta la sua duplice personalità e i suoi bisogni sessuali contraddittori. Lei adesso non sa cosa fare. Non intende avere un figlio da quest'uomo difficile; nello stesso tempo, però, desidera poter continuare la gravidanza, anche perché è rimasta colpita dai pronostici di una maga, che le ha detto che questa è la sua ultima occasione per rimanere incinta.

Come si può intuire, nella decisione non facile relativa all'aborto Sabrina fa emergere tutte le sue problematiche personali. Inoltre ripete nella gravidanza la sua tendenza teatrale allo sdoppiamento di personalità. Nei colloqui, a poco a poco, emerge l'idea di non rinunciare né al figlio né all'amante violento, e l'intenzione di delegare ai servizi sociali il ruolo di «contenitore» delle sue ambivalenze e di un equilibrio psichico molto precario. Passata l'iniziale irritazione, ci siamo consolati pensando che i consultori che funzionano bene non sono soltanto dei distributori di pillole contraccettive o di sussidi economici, ma anche, in effetti, «contenitori» di casi sociali difficili come quello di Sabrina.

Per vivere meglio

Fidanzati latitanti, mogli con la testa fra le nuvole, collaboratori e soci che scompaiono proprio il giorno di consegna di un lavoro. O che non si presentano a un appuntamento importante. Cosa si può fare? Innanzi tutto, abbiamo pensato a quattro strategie rivolte a loro.

1. *Ridefinire chiaramente le regole.* Per esempio, se il punto debole dell'inaffidabile è il costante ritardo, stabilite che lo aspetterete un quarto d'ora e non di più. E mantenete la parola. Forse imparerà la lezione. Voi, comunque, avrete un modo per canalizzare la vostra rabbia (perché spostare continuamente i limiti della vostra sopportazione non vi fa certo bene!).

2. *Aiutarlo a diventare sorprendente, imprevedibile, ma... affidabile.* Se è il vostro (la vostra) partner, insegnategli che, soprattutto in campo sentimentale (e magari erotico), apprezzate la sua creatività, la sua fantasia, la sua capacità

di spiazzare. Ma non il fatto che non ci sia quando avete bisogno di lui. Insomma, stabilite (anche per voi) una mappa delle priorità. Lo stesso vale sul lavoro: spiegategli dove applicare la sua creatività, e dove invece sforzarsi di essere magari banale, ma preciso.

3. *Non idealizzarlo, ma verificare quanto dice e fa.* Un monitoraggio continuo (ma non ossessivo) vi potrà aiutare a evitare brutte sorprese.

4. *Dargli una seconda chance.* Di fronte a una piccola grande catastrofe, a una cocente delusione, non dichiarate subito partita persa. Siate flessibili, ma non lassisti. E lasciate che ci provi ancora.

E, infine, tre strategie da provare su di sé.

1. *Essere ancora più inaffidabile... dell'inaffidabile.* È una strategia paradossale, per prenderlo in giro e metterlo in crisi. Però provateci, almeno una volta. Con *sense of humour*, ovviamente. Dategli un appuntamento, non presentatevi, staccate il telefonino e non fatevi trovare per tutta la sera. Quando vi trova, sussurrate: «Ah davvero, avevamo un appuntamento?». Forse qualcosa imparerà.

2. *Avere un «paracadute di riserva».* Sul lavoro è più semplice: si tratta di avere sempre un altro collaboratore a cui ricorrere nelle emergenze, un «piano di crisi» nel cassetto quando accade l'inevitabile... In privato è più complicato: non si può avere un coniuge di riserva! Ma si può imparare a riempire la propria vita di figure affettive sicure, stabili, presenti. Amici, amiche, parenti da cui farsi consolare.

3. *Saper vivere senza, cioè sviluppare l'autonomia personale.* Una strategia di sopravvivenza che può avere due obiettivi. Il primo è essere più indipendenti. Il secondo, più triste, è trasformare la delusione e la rassegnazione nella capacità di voltare pagina. E il nuovo capitolo della vostra vita, ahimè, comincerà proprio con l'eliminazione dell'inaffidabile. Una buona separazione è spesso il primo passo verso un nuovo buon incontro.

Conclusioni

La vita è complessa, ma non difficile. Anche se forse non è così semplice come provocatoriamente afferma il titolo del nostro libro… In ogni caso vale la pena cercare di renderla meno complicata, sia «neutralizzando» le personalità difficili che ci circondano, sia attenuando i tratti più ostici del nostro carattere: basta mettere in atto le strategie proposte alla fine di ogni capitolo.

Vorrei però ricordare che una vita più semplice non vuol dire una vita piatta. Si tratterebbe di una semplificazione banalizzante o di riduzionismo, come quello del misogino Stephen Leacock: «Molti uomini innamorati di una semplice fossetta fanno l'errore di sposare tutta la ragazza».[1]

Per me, semplicità è il verso di una poesia, che spiega molte più cose di un lungo ragionamento filosofico. È il movimento sciolto e fluido di un atleta o di un ballerino, la cui armonia nasce dall'eliminazione di ogni sforzo superfluo. È una vita al rallentatore, al di fuori della morsa della carriera e del consumismo: la «simple life» che ormai è diventata movimento filosofico, al di là di certi esoterismi artificiali in stile New Age. Per questo, in America, gli incontri di un anziano professore con un suo ex allievo, i suoi discorsi sul senso dell'esistenza, sono diventati un best seller, e si possono condensare in una sola frase: «Rallentare i ritmi quotidiani per assaporare il presente, capire che non è sempre bello avere di più, investire negli affetti».[2]

Arrivare all'essenziale: è questo l'obiettivo, il nucleo di verità che è centrato da tanta saggezza popolare:

Se non puoi essere strada sii sentiero,
se non puoi essere sole sii una stella,
vincere o perdere non ha a che vedere con la grandezza.
Ma bisogna essere al meglio quello che si è.

Ma come arrivare all'essenziale? Bisogna essere coraggiosi, non temerari. Come sostengono Francesco Alberoni e Vladimir Jankélévitch,[3] il temerario è impulsivo ed eventualmente eroico se raggiunge il successo; ma è il coraggioso che, conscio del pericolo, accetta lucidamente il rischio per affermare i suoi valori. Invece di un ideale assoluto (che può portare al fanatismo) meglio quello che io chiamo un ideale «adattato», che ridurrà inutili rimpianti e permetterà di apprezzare maggiormente quello che si ha.

Accentuiamo anche i sorrisi che, come i complimenti, sono talvolta superflui, ma illuminano la vita. Adottiamo il *sorriso preventivo*, non quello formale del venditore, ma quello autentico, che conferma che siamo usciti almeno per un momento dalle nostre preoccupazioni o paranoie per sintonizzarci con gli altri. E il *sorriso liberatorio*, che sdrammatizza o pone fine una crisi. Pillole di semplice felicità minimalista ma, credetemi, anche queste aiutano con le tipologie di «difficili» che abbiamo incontrato nel libro.

E infine vorrei ricordare la semplicità di alcuni valori, di cui spesso dimentichiamo l'importanza.

Innanzi tutto le parole chiave per il Duemila. Italo Calvino, nelle sue *Lezioni americane*, aveva fissato sei promemoria per il prossimo millennio: molteplicità, leggerezza, rapidità, esattezza, visibilità, coerenza.[4]

A queste aggiungo i sei principi più «domestici» proposti da Sarah Ban Breathnach:[5] la *gratitudine*, cioè un inventario mentale e spirituale di tutto ciò che abbiamo (che ci fa capire di essere ricchissimi); la *semplicità*, cioè la capacità di ridurre le aspettative troppo esagerate; mentre l'*ordine*, sia esteriore sia interiore, ci regala l'*armonia*, che ci dà la pace necessaria per apprezzare la *bellezza* di ciò che ci circonda ogni giorno, e la bellezza ci apre alla *gioia*.

Così la vita sarà più semplice ma, soprattutto, più felice.

Note

Introduzione

[1] L. e F. Cavalli Sforza, *La scienza della felicità*, Milano, Mondadori, 1997.

[2] E. Monick, *Phallos*, trad. it. Como, Red, 1989.

[3] Per esempio, quello di «Donna Moderna», giugno 1998.

[4] Monitor 3SC, 1997-1998.

[5] P. Watzlawick, *Istruzioni per rendersi infelici*, trad. it. Milano, Feltrinelli, 1986.

[6] «Corriere della Sera», 29 giugno 1998.

[7] A. Schopenhauer, *L'arte di essere felici*, trad. it. Milano, Adelphi, 1997, pp. 77-78.

[8] W. Pasini, *La qualità dei sentimenti*, Milano, Mondadori, 1991.

[9] *Dizionario etimologico della lingua italiana*, Bologna, Zanichelli, 1980.

[10] D. Goleman, *Intelligenza emotiva*, trad. it. Milano, Rizzoli, 1997.

[11] M. Argyle, *Psicologia della felicità*, trad. it. Milano, Raffaello Cortina Editore, 1988.

[12] P. Delerm, *La prima sorsata di birra*, trad. it. Milano, Frassinelli, 1998.

[13] J.-P. Sartre, *A porte chiuse*, trad. it. Milano, Mondadori, 1947.

[14] S. Ceccato, *Contentezza e intelligenza*, Milano, Rizzoli, 1989.

I. *I narcisi*

[1] *Apocalypse Now*, di Francis Ford Coppola, Usa 1979.

[2] Enrico Arosio, *Cellulare ergo sum*, in «L'Espresso», 13 agosto 1988.

[3] S. Ceccato, *op. cit.*

[4] F. Lelord e C. André, *Come gestire le personalità difficili*, trad. it. Roma, Borla, 1998.

[5] D. Anzieu, *L'enveloppe sonore du Soi*, in *Narcisses*, «Nouvelle Revue de Psychanalyse», Paris, Gallimard, 1976.

[6] S. Freud, *Introduzione al narcisismo*, trad. it. in «Opere di Sigmund Freud», vol. VII, Torino, Boringhieri, 1975.

[7] H. Kohut, *Narcisismo e analisi del Sé*, trad. it. Torino, Boringhieri, 1976; O. Kernberg, *Sindromi normali e narcisismo patologico*, trad. it. Torino, Boringhieri, 1980.

[8] D. Anzieu, *op. cit.*

[9] E. Monick, *op. cit.*
[10] Monica Bogliardi, *Ricomincio da lei*, in «Panorama», 11 giugno 1998.
[11] S. Freud e J. Breuer, *Studi sull'isteria*, trad. it. in «Opere di Sigmund Freud», vol. I, Torino, Boringhieri, 1967.
[12] *I diavoli*, di Ken Russell, Gran Bretagna 1971.

II. *I paranoici*

[1] P. Watzlawick, *op. cit.*, p. 29.
[2] *Swingers*, di Doug Liman, Usa 1996.
[3] C. Olievenstein, *L'homme parano*, Paris, Odile Jacob, 1992.
[4] *Air Force One*, di Wolfgang Petersen, Usa 1997.
[5] *Mio figlio è un fanatico*, di U. Prasad, Inghilterra 1998.
[6] A. Haynal, M. Molnar e G. de Puymège, *Le fanatisme*, Paris, Stock, 1980.
[7] *Gli ammutinati del Bounty*, di Lewis Milestone, Usa 1962.
[8] F. Roustang, *Comment faire rire un paranoïaque*, Paris, Odile Jacob, 1996.
[9] *A letto con il nemico*, di Joseph Ruben, Usa 1990.
[10] E. Kretschmer, *Paranoïa et sensibilité*, Paris, Presses Universitaires de France, 1989.
[11] *Titanic*, di James Cameron, Usa 1997.
[12] J. Tanizaki, *La chiave*, trad. it. Milano, Bompiani, 1963.
[13] *Aprile*, di Nanni Moretti, Italia 1998.
[14] C. Olievenstein, *op. cit.*
[15] G. Rocca, *Stalin*, Milano, Mondadori, 1988.
[16] R. Neuburger, *Nouveaux couples*, Paris, Odile Jacob, 1997.

III. *I cattivi*

[1] W. Pasini, *Volersi bene, volersi male*, Milano, Mondadori, 1993.
[2] *Thelma e Louise*, di Ridley Scott, Usa 1991.
[3] *La carica dei 101*, di Wolfgang Reitherman, Hamilton Luske, Clyde Geronimi (e Walt Disney), Usa 1961.
[4] *Basic Instinct*, di Paul Verhoeven, Usa 1992.
[5] «Io Donna», 17 maggio 1997.
[6] AA.VV., *Le rabbie croniche*, trad. it. Torino, Bollati Boringhieri, 1992.
[7] «Corriere Salute», 30 settembre 1991.
[8] AA.VV., *Rabbia e vendicatività*, trad. it. Torino, Bollati Boringhieri, 1992.
[9] L. De Crescenzo, *Ordine e disordine*, Milano, Mondadori, 1996.
[10] R.B. Stuart e B. Jacobson, *Peso, sesso e matrimonio*, trad. it. Verona, Positive Press, 1997.

IV. *Gli ansiosi*

[1] G. Schelotto, *Nostra ansia quotidiana*, Milano, Mondadori, 1998.
[2] E. Borgna, *Le figure dell'ansia*, Milano, Feltrinelli, 1997.
[3] F. Lelord e C. André, *op. cit.*
[4] P. Lavanchy, *Il corpo in fame*, trad. it. Milano, Rizzoli, 1994.
[5] F. de Clercq, *Tutto il pane del mondo*, trad. it. Firenze, Sansoni, 1990.

[6] R. Bassi, *La ragazza che odiava gli specchi*, Torino, Bollati Boringhieri, 1996.
[7] L.D. Scheingold e N. Wagner, *Sound Sex and the Aging Hearth*, New York, Human Sciences Press, 1974.
[8] A. Bloch e J.P. Maeder, *La sexualité des coronariens*, in «Méd. et Hygiène», 1974.
[9] E. Sheehan, *Ansia, fobie e attacchi di panico*, trad. it. Milano, Mondadori, 1997.
[10] G. Schelotto, *Certe piccolissime paure*, Milano, Mondadori, 1994.
[11] F. Manara, *Timidezza. Paure e fascino di un sentimento*, Milano, Sperling & Kupfer, 1997.

V. *I depressi*

[1] A.T. Beck, *Terapia cognitiva della depressione*, trad. it. Torino, Bollati Boringhieri, 1987.
[2] G.B. Cassano, con S. Zoli, *E liberaci dal male oscuro*, Milano, Longanesi, 1993.
[3] L. Cancrini, con S. Rossini, *Date parole al dolore*, Milano, Frassinelli, 1996; A. Salvo, *Depressione e sentimenti*, Milano, Mondadori, 1994; P. Leonardi, *Come trasformare la depressione in risorsa*, Milano, Franco Angeli, 1996.
[4] R. Spitz, *Il primo anno di vita*, trad. it. Roma, Armando, 1989.
[5] F. Ladame, *La tentative de suicide chez l'adolescent*, Paris, Masson, 1996.
[6] DSM-IV. *Manuale diagnostico e statistico dei disturbi mentali*, trad. it. Milano, Masson, 1997.
[7] P. Schellenbaum, *La ferita dei non amati*, trad. it. Como, Red, 1991.
[8] «La coppia: nuove realtà, nuovi valori, nuovi problemi», Congresso nazionale della Società italiana di sessuologia clinica, giugno 1996.
[9] M. e S. Golant, *Che cosa fare se le persone a voi care sono depresse*, trad. it. Milano, Longanesi, 1998.

VI. *I traditori*

[1] AA.VV., *Bugiardi e traditori*, trad. it. Torino, Bollati Boringhieri, 1994.
[2] C. Dunne, *La metà di niente*, trad. it. Parma, Guanda, 1998.
[3] *Conversazioni private*, di Liv Ullmann, Svezia 1998.
[4] Cit. in D. Matelli, *E vissero infedeli e contenti*, in «L'Espresso», 3 settembre 1998.
[5] *Tempesta di ghiaccio*, di Ang Lee, Usa 1997.
[6] G. Valensin, *Pratique des amours de groupe*, Paris, La Table Ronde, 1978.
[7] «Gulliver», agosto 1998.
[8] I. Magli, *Uomini da marciapiede*, in «L'Espresso», 27 agosto 1998.
[9] A. Visconti, *Da Donald a Donna*, colloquio con Donna Cartwright, in «L'Espresso», 3 settembre 1998.

VII. *I perdenti*

[1] F. Lelord e C. André, *op. cit.*
[2] *Portiere di notte*, di Liliana Cavani, Italia 1974.

[3] *La morte e la fanciulla*, di Roman Polanski, Usa-Francia-Gran Bretagna 1994.
[4] Congresso AIHUS, Genève, marzo 1998.
[5] J.C. Cooper, *Dizionario degli animali mitologici e simbolici*, trad. it. Venezia, Neri Pozza, 1977.
[6] S. Freud, *Lutto e melanconia*, trad. it. in «Opere di Sigmund Freud», vol. VIII, Torino, Boringhieri, 1976.
[7] C. Martin, *Famille monoparentale*, Paris, ESF, 1987.
[8] *Sono pazzo di Iris Blond*, di Carlo Verdone, Italia 1997.
[9] J. Kellerhals e W. Pasini, *Perché l'aborto*, Milano, Mondadori, 1979.
[10] S. Berglas e R.F. Baumeister, *Il tuo peggior nemico*, trad. it. Roma-Bari, Laterza, 1996.
[11] J. Bowlby, *Attaccamento e perdita*, 3 voll., trad. it. Torino, Boringhieri, 1972-1983.
[12] N. Castioni, *L'aube au bout de la nuit*, Paris, Albin Michel, 1998.

VIII. *Gli inaffidabili*

[1] *Brivido caldo*, di Lawrence Kasdan, Usa 1981.
[2] P. McGrath, *Follia*, trad. it. Milano, Adelphi, 1998.
[3] *Ricominciare a vivere*, di Forest Whitaker, Usa 1998.
[4] *Harry a pezzi*, di Woody Allen, Usa 1997.
[5] E. Roskies, *Stress Management and the Healthy Type A*, New York, Guilford Press, 1987.

Conclusioni

[1] AA.VV., *Parole d'amore*, trad. it. Milano, SIAD, 1986.
[2] M. Albon, *I miei martedì col professore*, trad. it. Milano, Rizzoli, 1998.
[3] F. Alberoni, *Abbiate coraggio*, Milano, Rizzoli, 1998; V. Jankélévitch, *Trattato delle virtù*, trad. it. Milano, Garzanti, 1996.
[4] I. Calvino, *Lezioni americane*, Milano, Garzanti, 1988.
[5] S. Ban Breathnach, *Semplice abbondanza*, trad. it. Milano, Corbaccio, 1997.

OSCAR BESTSELLERS

Follett, Il Codice Rebecca
Follett, L'uomo di Pietroburgo
Ludlum, Il treno di Salonicco
Cruz Smith, Gorky Park
Krantz, La figlia di Mistral
Forsyth, Il giorno dello sciacallo
Follett, Triplo
Follett, La cruna dell'Ago
Tacconi, La verità perduta
Fruttero & Lucentini, Il palio delle contrade morte
Follett, Sulle ali delle aquile
Forsyth, Il Quarto Protocollo
De Crescenzo, Così parlò Bellavista
Forsyth, L'alternativa del diavolo
Robbins, Ricordi di un altro giorno
Forsyth, Dossier Odessa
Lapierre - Collins, Il quinto cavaliere
Forsyth, I mastini della guerra
Bevilacqua, Il Curioso delle donne
Fruttero & Lucentini, A che punto è la notte
Agnelli, Vestivamo alla marinara
Lapierre - Collins, «Parigi brucia?»
Lapierre - Collins, Gerusalemme! Gerusalemme!
Tacconi, Lo schiavo Hanis
De Crescenzo, Storia della filosofia greca. I presocratici
De Crescenzo, Storia della filosofia greca. Da Socrate in poi
Lapierre - Collins, Alle cinque della sera
Bevilacqua, La Donna delle Meraviglie
Krantz, Conquisterò Manhattan
Fruttero & Lucentini, L'amante senza fissa dimora
Follett, Un letto di leoni
Lapierre - Collins, Stanotte la libertà
Pilcher, I cercatori di conchiglie
Russo, Uomo di rispetto
Manfredi, Lo scudo di Talos
Harris T., Il silenzio degli innocenti
Le Carré, La spia perfetta
De Crescenzo, Oi dialogoi
Bevilacqua, Una città in amore
Follett, Lo scandalo Modigliani

Rutherfurd, Sarum
James P.D., Un lavoro inadatto a una donna
Wood, Verde città nel sole
Forsyth, Nessuna conseguenza
Follett, Alta finanza
Le Carré, La tamburina
Wolfe, Il falò delle vanità
De Carlo, Due di due
Bevilacqua, Una misteriosa felicità
Pilcher, La tigre che dorme
Forsyth, Il negoziatore
Bevilacqua, La grande Giò
De Crescenzo, Vita di Luciano De Crescenzo scritta da lui medesimo
Turow, Presunto innocente
Manfredi, Palladion
Krantz, Fino al prossimo incontro
Ellroy, Dalia nera
Williams T., Il canto di Acchiappacoda
Neville, Il segreto del Millennio
Pilcher, Sotto il segno dei Gemelli
Cruz Smith, Stella polare
Bevilacqua, Il viaggio misterioso
Pilcher, La casa vuota
McBain, Un'ombra sulla spiaggia
James P.D., La torre nera
Tacconi, La Signora di Atlantide
Ellroy, Il grande nulla
Asimov, Nemesis
James P.D., Una notte di luna per l'ispettore Dalgliesh
Manfredi, L'oracolo
Bevilacqua, La festa parmigiana
Katzenbach, Facile da uccidere
James P.D., Per cause innaturali
Pilcher, I giorni dell'estate
McBain, Tre topolini ciechi
Grisham, Il momento di uccidere
Bevilacqua, Il gioco delle passioni
Le Carré, La talpa
Bevilacqua, Una scandalosa giovinezza
Ellroy, L.A. Confidential
James P.D., Copritele il volto
Le Carré, Tutti gli uomini di Smiley
Le Carré, Lo specchio delle spie
Fruttero & Lucentini, Enigma in luogo di mare
Turow, L'onere della prova
Pilcher, Autoritratto
Forsyth, Il simulatore
De Crescenzo, Elena, Elena, amore mio
Sgorlon, Il guaritore
De Crescenzo, Zio Cardellino
Sgorlon, La conchiglia di Anataj
Bergonzoni, Le balene restino sedute
Cacucci, Puerto Escondido
Pilcher, Settembre
Gallmann, Sognavo l'Africa
Wood, Il tempo dei sogni
James P.D., Un indizio per Cordelia Gray
Cornwell, Oggetti di reato
Ellroy, Le strade dell'innocenza
Grisham, Il rapporto Pelican
Follett, Notte sull'acqua
Ellroy, Perché la notte
Bevilacqua, Umana avventura
Pilcher, Neve d'Aprile

Simmons, Hyperion
Sclavi, Sogni di sangue
Asimov, Viaggio allucinante
Brooks, La spada di Shannara
James P.D., Una mente per uccidere
McBain, Vedove
Castellaneta, Villa di delizia
Sclavi, Tre
Brooks, Le pietre magiche di Shannara
Harris R., Fatherland
Muhsen, Vendute!
Sgorlon, La foiba grande
Brooks, L'unicorno nero
Tacconi, Masada
Franceschini - Buffa - Giustolisi, Mara Renato e io
Cardella, Volevo i pantaloni
Brooks, Il magico regno di Landover
Du Maurier, Rebecca la prima moglie
Charrière, Papillon
Brooks, La canzone di Shannara
Zecchi, Estasi
James P.D., Sangue innocente
Pilcher, Fiori nella pioggia
Pilcher, Voci d'estate
Ellroy, La collina dei suicidi
Sgorlon, Racconti della Terra di Canaan
Grisham, Il socio
Brooks, La regina degli Elfi di Shannara
Le Carré, La pace insopportabile
Rutherfurd, Russka
Rushdie, I versi satanici
Sclavi, Apocalisse
Ruesch, Paese dalle ombre lunghe
Brooks, Il druido di Shannara
Pilcher, Il giorno della tempesta
D'Orta, Io speriamo che me la cavo
Harris T., Drago rosso (Il delitto della terza luna)
James P.D., Un gusto per la morte
Brooks, Mago a metà
Bergonzoni, È già mercoledì e io no
Cornwell, Quel che rimane
Le Carré, Ingenuo e sentimentale amante
Rendell, Il mistero della brughiera
Sgorlon, La carrozza di rame
Brooks, Gli eredi di Shannara
Pilcher, Profumo di timo
Rendell, Il volto del peccato
Bevilacqua (a cura di), I grandi della risata
Castellaneta, Cerchi nell'acqua
D'Eramo, Ultima luna
Lapierre, Più grandi dell'amore
De Crescenzo, Croce e delizia
Le Carré, Un delitto di classe
Sgorlon, Il patriarcato della luna
Rendell, Oltre il cancello
Bevilacqua, Un cuore magico
Le Carré, Chiamata per il morto
Turow, Harvard, Facoltà di legge
D'Orta, Dio ci ha creato gratis
Hoving, Tutankhamon
Sgorlon, Il Caldèras

Dolto, Adolescenza
Weis - Hickman, La stella degli elfi
Dolto, Quando i genitori si separano
Angela - Pinna, Oceano
Williams M., La leggenda di Weasel
Buscaglia, La coppia amorosa
Pasini, Intimità
Schelotto, Strano, stranissimo, anzi normale
Parsi, I quaderni delle bambine
Buscaglia, Amore
Dolto, Come allevare un bambino felice
Allegri, Padre Pio
Asimov, Destinazione cervello
Asimov, Cronache della Galassia
Asimov, Il tiranno dei mondi
Silvestri, Caporetto
Mandruzzato, Il piacere del latino
Asimov, Tutti i racconti (vol. I, parte I)
Heinlein, Fanteria dello spazio
Asimov, Il sole nudo
Asimov, L'orlo della Fondazione
Asimov, Lucky Starr e gli anelli di Saturno
Spinosa, Edda. Una tragedia italiana
Gibson, Monna Lisa Cyberpunk
Sgarbi, Onorevoli fantasmi
Curcio - Scialoja, A viso aperto
Brooks, I talismani di Shannara
Greer, La seconda metà della vita
D'Orta, Romeo e Giulietta si fidanzarono dal basso
Utley, Toro Seduto
Rocca, Avanti, Savoia!
Ellroy, White Jazz
Durrani, Schiava di mio marito
Cornwell, Postmortem
Asimov, La fine dell'eternità
Grisham, Il cliente
Vacca, Medioevo prossimo venturo
Asimov, Tutti i racconti (vol. I, parte II)
Pilcher, La camera azzurra
Regan, Il Guinness dei fiaschi militari
Resca - Stefanato, Scoppia il maiale, ferito un contadino
Chang, Il Tao dell'amore
Sterling, Cronache del basso futuro
Turow, Ammissione di colpa
Asimov, Il meglio di Asimov
Sclavi, Tutti i misteri di Dylan Dog
Cruz Smith, Red Square
Sclavi, Tutti gli incubi di Dylan Dog
Gibson, La notte che bruciammo Chrome
Campbell, Il racconto del mito
Sgorlon, Il trono di legno
Pasini, Volersi bene, volersi male
Motta (a cura di), Vita di padre Pio attraverso le lettere
Asimov, Preludio alla Fondazione
Zavoli, La notte della Repubblica
De Crescenzo, Raffaele
Asimov, Il paria dei cieli
Asimov, Il crollo della Galassia centrale

Asimov, Fondazione e Terra
Asimov, I robot dell'alba
Asimov, Abissi d'acciaio
Asimov, Il club dei Vedovi Neri
Pasini, La qualità dei sentimenti
McBain, Mary Mary
Forattini, Bossic Instinct
Gibson - Sterling, La macchina della realtà
Angela, La straordinaria storia della vita sulla Terra
Della Pena, Stupidario giuridico
Wood, Vergini del Paradiso
Gibson, Giù nel Ciberspazio
Dolto, Il desiderio femminile
Vespa, Telecamera con vista
Angela, La straordinaria storia dell'uomo
Tacconi, Il pittore del Faraone
Forattini, Il mascalzone
Brooks, Il ciclo di Shannara
Venè, Mille lire al mese
Monduzzi, Manuale per difendersi dalla mamma
Asimov, Azazel
Mafai, Pane nero
Asimov, Lucky Starr e gli oceani di Venere
Asimov, Il libro di biologia
Asimov, Lucky Starr e il grande sole di Mercurio
Gies, Si chiamava Anna Frank
Bonelli - Galleppini, Tex l'implacabile
Asimov, I robot e l'Impero
Rea, Ninfa plebea
Olivieri, Hotel Mozart
Pasini, Il cibo e l'amore
Forsyth, Il pugno di Dio
Follett, Una fortuna pericolosa
Nolitta - Ferri, Zagor contro il Vampiro
Masini, Le battaglie che cambiarono il mondo
Pilcher, Le bianche dune della Cornovaglia
Sclavi - Castelli, Dylan Dog & Martin Mystère
Asimov, Il libro di fisica
Irving, Göring, il maresciallo del Reich
Sclavi, Tutti i mostri di Dylan Dog
Asimov, Le correnti dello spazio
Asimov, Neanche gli Dèi
Asimov, L'altra faccia della spirale
Buscaglia, Nati per amare
Ka-Tzetnik 135633, La casa delle bambole
Loy, Sogni d'inverno
Zecchi, Sillabario del nuovo millennio
Grisham, L'appello
Zimmer Bradley (a cura di), Storie fantastiche di spade e magia (vol. I)
Castellaneta, Le donne di una vita
Resca - Stefanato, Il ritorno del maiale
Sgorlon, Il regno dell'uomo
McBain, Kiss
Asimov, Tutti i racconti (vol. II, parte I)
Asimov, Tutti i racconti (vol. II, parte II)
Rendell, La morte non sa leggere

Manfredi, Le paludi di Hesperia
Di Stefano, Stupidario medico
Daniele, Chi è felice non si ammala
Sgorlon, La fontana di Lorena
Zimmer Bradley (a cura di), Storie fantastiche di spade e magia (vol. II)
Vespa, Il cambio
Olivieri, Piazza pulita
Petacco, La Signora della Vandea
Schelotto, Una fame da morire
Sgarbi, Le mani nei capelli
Disegni, Esercizi di stile
Sgorlon, L'armata dei fiumi perduti
Asimov, Lucky Starr, il vagabondo dello spazio
Fromm, L'arte di amare
García Márquez, Dell'amore e di altri demoni
Buscaglia, La via del toro
Olivieri, Villa Liberty
Thompson, L'angelo bruciato
Katzenbach, La giusta causa
Castellaneta, Progetti di allegria
Olivieri, Maledetto ferragosto
Rendell, I giorni di Asta Westerby
Allegri, I miracoli di Padre Pio
Forattini, Il garante di Lady Chatterley
Brooks, La sfida di Landover
Brooks, La scatola magica di Landover
Bocca, Il sottosopra
Follett, I pilastri della terra
Buscaglia, Vivere, amare, capirsi
Giussani, I mille volti di Diabolik
Sgorlon, Il costruttore
Le Carré, Il direttore di notte
Sclavi, Tutte le donne di Dylan Dog
Lapierre, La città della gioia
García Márquez, Taccuino di cinque anni 1980-1984
Høeg, Il senso di Smilla per la neve
Bonelli - Galleppini, Tex, Sangue Navajo
Carr, L'alienista
Zorzi, Il Doge
Olivieri, La fine di Casanova
Lovett, Legami pericolosi
Nasreen, Vergogna (Lajja)
Madre Teresa, Il cammino semplice
Dick, Memoria totale
Rendell, La leggerezza del dovere
Regan, Il Guinness dei fiaschi militari 2
Bonelli - Galleppini, Tex. Città senza legge
Castellaneta, La città e gli inganni
Krantz, Amanti
Dolto, I problemi dei bambini
Weis - Hickman, La mano del caos
James P.D., Morte sul fiume
Grisham, L'uomo della pioggia
Lagostena Bassi, L'avvocato delle donne
Pasini, A che cosa serve la coppia
Buscaglia, Autobus per il Paradiso
De Filippi, Amici
Salvatore, Il mago di Azz
Vespa, Il duello

Cornwell, Insolito e crudele
Madre Teresa, La gioia di darsi agli altri
MacBride Allen, Il calibano di Asimov
Sclavi, La circolazione del sangue
Zavoli, Viva l'Itaglia
Smith, Nell'interesse della legge
Quilici, Il mio Mediterraneo
Boneschi, Poveri ma belli
Forattini, Berluscopone
Rendell, La notte dei due uomini
Friday, Donne sopra
Sgorlon, La poltrona
Monduzzi, Della donna non si butta via niente
Olivieri, L'indagine interrotta
Olivieri, Il caso Kodra
Sgorlon, L'ultima valle
Sclavi, Mostri
Allegri, A tu per tu con Padre Pio
Messaoudi, Una donna in piedi
Schelotto, Certe piccolissime paure
Hyde, Le acque di Formosa
Mafai, Botteghe Oscure, addio
Vergani, Caro Coppi
Curzi, Il compagno scomodo
Hogan, Lo stallo
Follett, Un luogo chiamato libertà
Zecchi, Sensualità
Ellroy, American tabloid
Castellaneta, Porta Romana bella
Asimov, Lucky Starr e le lune di Giove
Asimov, Fondazione anno zero
Gallmann, Il colore del vento
Rota, Curs de lumbard per terùn
Høeg, I quasi adatti
Dick, Il disco di fiamma
Hatier (a cura di), Samsāra
Simmons, I figli della paura
D'Orta, Il maestro sgarrupato
Bevilacqua, Questa specie d'amore
Manfredi, La torre della solitudine
Katzenbach, Il carnefice
Le Carré, La passione del suo tempo
Olivieri, Madame Strauss
Sclavi, Tutti i demoni di Dylan Dog
Bonelli - Galleppini, Tex. I figli della notte
Medda, Serra & Vigna, Nathan Never. I killer del futuro
Madre Teresa, La gioia di amare
Giussani, Diabolik. Le rivali di Eva
Gallmann, Notti africane
Cotroneo, Presto con fuoco
Isaacs, Ora magica
AA.VV., 25 storie di magia nera per adulti
Rendell, La morte mi ama
McBain, Romance
Fosnes Hansen, Corale alla fine del viaggio
Rossi, Diario di bordo del Capitano
De Crescenzo, Panta rei
Rushdie, L'ultimo sospiro del Moro
Asimov, Lucky Starr e i pirati degli Asteroidi
Weis - Hickman, L'ala del drago
Nolitta, Mister No. Inferno verde e magia nera
Castelli, I mondi impossibili di Martin Mystère

«La vita è semplice»
di Willy Pasini
Bestsellers Oscar Mondadori
Arnoldo Mondadori Editore

Questo volume è stato stampato
presso Mondadori Printing S.p.A.
Stabilimento Nuova Stampa - Cles (TN)
Stampato in Italia. Printed in Italy

47214
1999